COCINA VEGETARIANA

C. GANDIA DE FERNANDEZ

COCINA VEGETARIANA

EDITORIAL EPOCA, S. A.
Emperadores 185, México 13, D. F.

Derechos reservados 1979.
EDITORIAL EPOCA, S. A.

El formato y características artísticas de esta obra son propiedad del editor.

Impreso en México. Printed in Mexico.

HORTALIZAS

LOS PRODUCTOS DE LA HUERTA

ACEDERA (Oseille).—Es muy ácida; necesita blanqueo y mucha grasa y yemas de huevo para suavizarla.
ACELGA (Bette, poirée).—Muy estimada y se presta a muchos guisos.
ACHICORIA (Chicorée).—Se come cocida o cruda en ensalada.
ALCACHOFA (Artichaut).—Son preferidas las grandes para ser cocidas y para rellenar; las pequeñas tienen muchas aplicaciones. Escójanse bien verdes, prietas y sanas; si están lacias es que no están frescas. Las que tienen un agujero en el corte del tallo tienen podrido el corazón.
APIO (Céleri).—Ha de ser muy blanco y tierno; se come cocido o crudo y adobado para entremés.
BERENJENAS (Aubergines).—Cuando más pequeñas son más estimadas, por ser más tiernas. Se prestan a muchas aplicaciones.
BERZA, COL Y REPOLLO (Choux).—Hay muchas clases: la rizada, que es más sabrosa; la lisa, alargada en forma de embudo, y el repollo.
BORRAJA (Bourrache).—Las hay en todo el año.
BRECOLES.—Son una variedad de coliflor; algo más verde y sabrosa.
CALABAZA (Potirón).—Las mejores son las de carne amarilla.
CALABACINES (Courgettes).—Cuanto más pequeños son más estimados. Se pueden hacer fritos, guisados, rellenos, gratinados, para pistos y revueltos.

CARDO (Cardón).—Ha de ser muy blanco y tierno; los más grandes no suelen ser los mejores.

COL DE BRUSELAS (Choy de Bruxelles).—Cogollitos del tamaño de una nuez o de una aceituna, nacidos a lo largo del tallo de una clase especial de berza. Son muy sabrosos.

COLIFLOR (Chou-fleur).—Ha de ser chata, blanca y prieta. No ha de estar floreada, pues en este caso se deshace al cocer.

ESPINACAS (Epinards).—Para hervidos, sopas y purés.

GUINDILLA (Poivron).—Generalmente es muy picante. También hay variedades tiernas y dulces.

GUISANTES (Petits pois).—Verdura muy apreciada; los tiernos son dulces, pero crecen en seguida y se ponen muy harinosos y granados. Son buenos recién recolectados.

HABAS (Fébes).—Han de adquirirse muy frescas, verdes, pequeñas y tiernas.

JUDIAS VERDES (Haricots verts).—Las hay de varios tipos, anchas y estrechas, verdes más claras y moradas. Recháncense las que tengan hebra.

LOMBARDA (Chou rouge).—Berza morada, que tiene las mismas aplicaciones que la col.

PEPINILLOS (Cornichons).—Sólo se emplean para ponerlos en vinagre.

PEPINOS (Concombre).—Han de escogerse verdes, muy verdes, muy derechos y de mediano tamaño; los grandes y amarillos están huecos o llenos de semilla. Se emplean principalmente en ensalada, aunque admiten algunos guisos.

PIMIENTOS (Piments).—Se encuentran muchas variedades; unos se emplean para fritos, otros para rellenos, pimientos choriceros, secos y otros que se emplean para la fabricación del pimentón.

TOMATES (Tomates).—De uso constante, pues son el complemento de casi todas las salsas; se emplean también rellenos y en ensalada para entremeses.

HORTALIZAS CUYAS HOJAS SE COMEN CRUDAS, EN ENSALADA

BERROS (Cresson).—No hay que aceptar más que los de arroyo o aguas limpias.

ESCAROLA (Escarole).—Ha de ser muy amarilla; hay dos variedades: una, de hojas anchas, y otra, estrechas; tienen igual aceptación.

LECHUGA (Laitue).—La ensalada más corriente. Existen variedades de repollo, romana, etc. Se han de adquirir muy frescas.

RAICES, BULBOS Y TUBERCULOS ALIMENTICIOS

AJOS (Ail).—Se conocen que están firmes y sanos apretándolos con los dedos. Se conservan muy bien durante largo tiempo.

BATATA O BONIATO (Patate).—Se agrupan en gordas, medianas y pequeñas. Se comen hervidas o en dulce.

CEBOLLA (Oignon).—Indispensable para todos los guisos. Las nuevas empiezan en primavera, pero tienen poco sabor y no sirven para las salsas.

CEBOLLETAS (Petits oignons nains).—Pequeñas cebollas dulces que acompañan enteras a ciertos guisos.

CHAMPIGNONS.—Hemos conservado a las setas cultivadas su nombre francés en la creencia que nos entenderán mejor, ya que los de lata lo han vulgarizado. Es manjar muy aromático, estimadísimo por los gastrónomos y que cada vez se emplea más en la cocina.

ESCALOÑAS O CHALOTES (Echalote).—Entre cebolla y ajo. Es pequeño y alargado, seco por fuera y morado por dentro; muy empleado en la cocina francesa.

ESPARRAGOS (Asperges).—Son muy estimados. Los conservados en lata o en frasco de cristal son tan sabrosos como los frescos.

HONGOS (Cépes).—Setas grandes, amarillentas por encima y verdosas por debajo.

NABO (Navet).—Los hay blancos y negros; se emplean para el caldo y guisos.

PATATA (Pomme de terre).—Tres clases: blanca, amarilla y morada.

PUERRO (Poireau).—Indispensable en la cocina.

RABANO (Radis).—Sólo se emplea crudo para entremés o adorno. Hay una variedad picante.

REMOLACHA (Betteraves).—Hay una variedad comestible muy dulce. Ha de ser muy tierna.

SALSIFIS O ESCORZONERAS (Salsifis).—Raíces muy sabrosas, blancas y alargadas (hay una variedad de negros).

SETAS.—Existen infinidad de ellas, muchas venenosas. Hay que mirarlas con recelo y comprobar perfectamente si son comestibles.

TRUFAS (Truffes).—Las de más fama son las de Perigord (Francia); son mucho más aromáticas siendo frescas, pero se venden también muy buenas en lata.

ZANAHORIA (Carotte).—Necesaria en casi todos los guisos; admite varias aplicaciones si es tierna.

CONDIMENTOS

Los condimentos ajo, perejil, cebolla, puerros, alcaparras, aceitunas, setas, menta, mejorana, laurel, orégano, tomillo, etc., ayudan a la digestión cuando son tolerados, por excitar las secreciones salival y gástrica, haciendo el alimento más apetecible. La vainilla es un buen condimento aromático. Síguenle el cacao, chocolate, salsas de fruta, miel, etc. También las frutas secas y tiernas son condimentos muy sanos y agradables.

El jugo de limón es uno de los condimentos más sanos y en las ensaladas, además de la gran ventaja que tiene sobre el vinagre desde el punto de vista diurético, resulta por el ácido cítrico un antiséptico poderoso capaz de esterilizar las verduras más infectas. Dos gramos de ácido cítrico en mil de agua, destruyen el bacilo colérico. Un chorro de jugo de limón hace, pues, al agua con que se pueden lavar frutas y verduras en tiempo de epidemia, no sólo esterilizante, sino que imposibilita el desarrollo de gérmenes coléricos o de otra clase en la superficie de ellas.

Las grasas y los azúcares son condimentos de fuerza; doblando la ración de ellos y del pan, fácilmente se obtienen mil calorías más, que es el plus que corresponde a un trabajo físico intenso.

La manteca de coco es preferible a la de vaca, cuando ésta resulta pesada; se necesita menos cantidad (una cuarta parte menos), y como no crepita al fuego y no avisa como el aceite cuando se quema, debe evitarse llevarla a una temperatura demasiado elevada, pues reaparecería entonces el sabor del coco.

Más sabrosa que la de coco es la manteca de nueces, que se adiciona en el mismo plato (arroz, verdura, etc.), a paladar de cada cual.

El queso y la leche son también dos buenos condimentos grasos, lo mismo que los huevos que aumentan el potencial graso y azoado de los granos y verduras; como condimentos, los toleran a veces aquellos que no pueden tolerarlos como alimentos, porque mezclados y divididas sus moléculas grasas, se hacen más digestibles, así como la leche cuando se insaliva bien.

LA ALIMENTACION COCIDA

GENERALIDADES CULINARIAS

COCCION DE LOS CEREALES, LEGUMINOSAS Y SUS DERIVADOS: Los cereales son alimentos de energía y de fuerza, alimentos completos; su variedad es grande y entre los más conocidos citaremos el trigo, centeno, arroz, avena, maíz, cebada, mijo, etc.

Los cereales en potages son muy confortantes, sobre todo si contienen la substancia íntegra de todo grano, la cutícula fosfatada y ferruginosa que, lo mismo que en las leguminosas secas, facilita la utilización a causa de sus sales y de los elementos hidrocarbonados de la harina.

Las frutas o las verduras se alían bien en el estómago con los cereales. Los copos de trigo verde se asocian bien al tomate, la avena abundante en grasas es estimulante, aunque ligeramente laxativa; el trigo candeal, al revés del centeno, es preferible en los casos de diarrea. La cebada es un buen alimento para los estreñidos y malteada es excelente para los dispépticos.

Las harinas de cereales y de leguminosas tostadas, de fácil preparación, necesitan cocer poco y por esto son muy recomendables para los estómagos delicados. De las leguminosas, la lenteja es la más digestible, rica en sosa y hierro, siguiendo a ella los chícharos, garbanzos, frijoles, habas, etc.

Es una buena mezcla, en casos de extrema debilidad, harina de lentejas, chícharos, frijoles y malta. Para evitar grumos, debe desleírse previamente la harina en un poco de agua fría, y si se quiere evitar lo mismo al agregar al puré una yema de huevo, debe disolverse ésta en el potage después de hecho y enfriado. Los purés pueden gratinarse al horno y añadirles tostones de pan para hacerlos mejor masticables.

LAS HORTALIZAS EN LA COCINA: Cada hortaliza tiene su propiedad especial y en general todas son ricas en sales nutritivas. En los chícharos tiernos, zanahorias, nabos y camotes predomina el azúcar; en las coles blancas y de Bruselas, predomina la potasa; en las espinacas la sosa y el hierro; los espárragos, apio, rábanos, perejil, nabos, cebollas son diuréticos; las alcachofas, por su riqueza en cal y magnesia, son un buen plato para los convalecientes. Los tomates y las berenjenas son verdaderas frutas sanas y suculentas; los cardos y calabacines son ligeros al estómago; no así los pimientos crudos. La zanahoria es buena para el hígado, los espárragos son aperitivos, la calabaza es fosforada, la lechuga es laxante y abunda en sales dietéticas, las patatas son feculentas, el ajo y la cebolla cruda, aunque excelentes condimentos, pueden resultar desagradables en los dispépticos; las frutas y setas, sabrosas y aromáticas, son muy azoadas y los artríticos sólo deben usarlas como condimento.

Las ensaladas crudas deben masticarse bien, sobre todo los rábanos y las aceitunas. Son estimulantes del estómago, deben lavarse muy bien y no aderezarse con vinagre, sino con zumo de limón que las hace más digeribles.

Las verduras y patatas deben cocerse a fuego lento y en receptáculo cerrado al vapor o al baño de maría, para conservar, al par que su aroma, sus propias sales que las hacen más nutritivas y digestibles. Las verduras fibrosas (espárragos, puerros, nabos, zanahorias, alcachofas, etc.) pueden cocerse en la cacerola cuidando de echarles el agua justa para que no se disipen. Nunca debe echarse agua fría en una olla de agua caliente.

Los ejotes, zanahorias, etc., se colocan en la cacerola con manteca o aceite, ramito de hierbas y sal en poca cantidad con el agua necesaria. Así cocerán dos horas y se servirán con salsa a la crema, a la manteca, al tomate, al perejil, blanca, a la harina tostada, etc. Pueden rehogarse sin manteca ni aceite y cubrirlas con salsa blanca a la que se añadirá el jugo de alguna otra legumbre o verdura, exceptuando el jugo de espárragos, alcachofas y cebollas.

De la misma manera se han de tratar las verduras fibrosas que han de cocer en cacerola; se les va añadiendo, en la medida que lo necesiten y en pequeña cantidad, agua caliente. Las patatas conservan mejor su sabor cociéndolas sin mondar al horno o al vapor, o rehogadas en poca agua y sal, y se sirven con salsa blanca, al tomate, en puré o leche, al gratín, con guisantes, etc. Pueden hacerse rellenas, asadas, souflé, con manteca de nueces, que lo mismo que el arroz, las hace muy agradables y nutritivas.

LAS FRUTAS Y SU COCCION: Las frutas acuosas, lo mismo que las ensaladas, son excitantes naturales del estómago, se asocian mejor en las comidas a los farináceos y a los cereales y a la misma leche que a las verduras, incitan el apetito y deben tomarse de preferencia solas o antes de las comidas (en ayunas o antes de acostarse), pues así obran alcalinizando, al revés de los alcalinos (bicarbonato de sosa) que solicitan la secreción de los ácidos en los hiperclóridos. Favorecen la eliminación del ácido úrico de la sangre, transformándolo en uratos solubles.

Deben substituir la bebida y suplir parte del alimento, pues tras el mucho comer y beber no pueden desplegar en el tubo digestivo su acción antiséptica y pueden hacer la digestión pesada. Cuando más azucaradas y maduras son más nutritivas; las verdes son laxantes y las podridas pueden resultar nocivas, lo mismo que las mal lavadas. Bien masticadas no son frías ni pesadas al estómago; el azúcar que contienen en estado de glucosa se asimila en seguida y aun los diabéticos las toleran bien.

La uva es la más importante de todas las frutas. Combate el artritismo (eczemas, urticaria, hemorragia, enterocolitis, diarrea crónica, congestión hepática, cálculos, gota, etc.), laxante y diurética por sus componentes (ácidos málico, tártrico y cítrico, potasa, etc.). La cura de uvas se practica substituyendo parte o todo el alimento en raciones progresivas de una desde 500 gramos, equivalentes a 700 calorías, tomadas en ayunas, a tres kilos, que constituyen por sí solos una ración suficiente para todo el día, repartidos en varias veces. La cura puede durar dos o tres meses y al llegar a la cantidad máxima de uvas, casi debe suprimirse el alimento si no se suprime del todo.

El limón, célebre como la naranja por su acción antiescorbútica, tiene como ésta poderosa virtud alcalinizante y se recomienda la cura del limón en la hidropesía, gota, hemorragia, dispepsia, angina, infecciones, cálculos, etc. Se empieza por dos limones, aumentándolos de esta cantidad cada día hasta llegar a veinte o treinta, manteniendo la cifra de seis a diez durante diez días. Doscientos limones bastan para una cura.

Después sigue la fresa, por sus salicilatos y sales de sosa naturales, muy recomendable contra el reumatismo, la gota, etc.; la granada, refrescante como las tunas, muy ligera al estómago; las cerezas, los melones jugosos, los membrillos astringentes, la fresca sandía, los exquisitos duraznos, etc. Ciertas clases de peras son muy nutritivas, las ciruelas, ricas en potasa, combaten el estreñimiento; los higos, por su mucílago, son buenos para el pecho, pero no deben abusar de ellos los artríticos por producir fácilmente ácido oxálico que provoca la diarrea, dolores, derrengamiento, etc. La manzana, después de la uva, goza de gran fama; es nutritiva, laxante y depurativa por su virtud salina. La banana, excelente contra la disentería, es el más azoado de todos los frutos tiernos y contiene gran número de calorías.

Los frutos secos (manzanas, ciruelas, pasas, peras, dátiles, etc.), no son tolerados por muchos dispépticos si no son bien masticados y si antes no se ponen a reblandecer en agua durante algunas horas, después de lo cual se cocerán al vapor o al baño de maría con un poco de azúcar en la misma agua de maceración.

Las frutas de confitura, jalea, compota o mermelada, son a propósito para aquellas personas delicadas que no las toleran en estado crudo. En este caso pueden rehogarse las frutas y azucararse a voluntad y son más nutritivas pasándolas en puré.

Los frutos oleaginosos (almendras, avellanas, cacahuates, nueces, piñones, etc.), son laxantes por su aceite y excitan la secreción salival bien masticados; por esto son buenos antes de las comidas y reducidos a harina e incorporados como el queso rallado a los guisos, puddings, souflés, purés, rellenos de verdura, etc., aumentan extraordinariamente el sabor y el poder alimenticio por su riqueza en ázoe y cuerpos grasos.

CUALIDADES DE LAS LEGUMBRES SECAS Y FRESCAS

ALCACHOFAS

La alcachofa, si no es bastante alimenticia, es en cambio muy digestiva. Para cortar los accesos de fiebre es muy recomendable la siguiente receta casera: Treinta gramos de hojas de alcachofas, sobre las cuales se echa un litro de agua hirviendo. Contra la hidropesía también se recomienda una infusión de hojas de alcachofas en vino blanco. Y para terminar, comer la alcachofa cruda es un gran astringente.

APIO

El apio crudo es muy difícil de digerir, por lo tanto es excitante. No obstante, es saludable especialmente en algunas enfermedades del estómago.

BERENJENAS

Son muy saludables por la gran cantidad de hierro que contienen.

CEBOLLAS

La cebolla cruda es digestiva y diurética; aun es favorecedora a la digestión a los estómagos perezosos. Los temperamentos sanguíneos y biliosos deben evitarla. Una infusión de cebollas cocidas es recomendable para los casos de afecciones al pecho y resfriados. El corazón de una cebolla cocida en la ceniza aplaca los dolores de muelas. Contra la disentería se recomienda la siguiente receta casera: cebollas cocidas bajo cenizas se remojan en aceite.

COLES

Las coles no son recomendables para los estómagos delicados, por lo que tanto los enfermos como los convalecientes deben evitar comerlas.

COLES DE BRUSELAS

Por lo general, las coles de Bruselas son dañinas y de difícil digestión.

COLIFLORES

También en lo dañinas y de digestión difícil son iguales que las coles de Bruselas.

ESPARRAGOS

Los espárragos tienen grandes cualidades diuréticas; son además un buen aperitivo. Es alimento sano, ligero y muy digestible.

ESPINACAS

Las espinacas son el primer alimento permitido a los convalecientes, después de irritaciones intestinales. En caso de constipación, es muy recomendable comerlas en la noche antes de acostarse.

FRIJOLES

Las personas delicadas y afectadas del estómago y del hígado, así como las obesas, deben abstenerse de comerlos. En cambio, los ejotes les son tolerados.

HABAS

Las habas son de muy difícil digestión, pues hinchan el estómago. Los diabéticos deben abstenerse de comerlas.

LENTEJAS

Son muy pesadas y de difícil digestión. Para enfermos y convalecientes sólo son recomendables en forma de puré.

NABOS

El puré de nabos es muy digestible, por lo que es muy recomendable para los enfermos y convalecientes. No obstante, los diabéticos deben abstenerse de comerlos.

PATATAS

No es conveniente comer muchas patatas porque son muy pesadas e hinchan el estómago. Las personas que llevan vida sedentaria deben abstenerse de comerlas. La manera más digestiva es el puré. Los diabéticos no deben comerlas, lo mismo que las personas afectadas del estómago o las que tienen afecciones biliares o del hígado. De más está decir que los obesos deben desechar las patatas en su régimen alimenticio.

SETAS

Por lo general, las setas son mal soportadas por los estómagos delicados.

TOMATES

Los tomates tienen condiciones diuréticas y la forma más saludable para los estómagos delicados es comerlos crudos. El jugo de tomates es muy recomendable, incluso para los niños.

ZANAHORIAS

Las zanahorias son depurativas, pero no son recomendables a los diabéticos. Un vaso de jugo de zanahorias en ayunas es un gran alimento para las madres que amamantan a sus hijos.

CALDOS, POTAJES, PURES Y SOPAS

CALDO DE LECHUGA Y AVENA

Una lechuga, tres cucharadas de avena, un litro de agua, un poco de sal y cuatro cucharadas de zumo de lechuga cruda.

Se limpia la lechuga y se corta en tiras finas; se pone en la cacerola junto con la avena, el agua y la sal y se cuece a fuego lento durante una hora. Se retira entonces del fuego y se cuela con un colador fino o un lienzo, y después de colarlo se le añade el zumo de lechuga cruda.

CALDO DE ZANAHORIAS

Seis zanahorias grandes, litro y medio de agua, una cebolla, sal y una hoja de laurel.

Se limpian bien las zanahorias y se cortan en trozos pequeños. Se ponen en la cacerola junto con los demás ingredientes y se cuece a fuego lento durante una hora. Luego se cuela con colador fino o con un lienzo.

COCIDO A LA MADRILEÑA

Se hierven garbanzos que ya se tienen remojados desde el día anterior y cuando están blancos se echa col cortada a pedacitos. En la sartén se fríe una rebanada de pan y se machaca en el molcajete junto con el aceite y unas gotas de jugo de limón. Con sal y esta salsa se sazona el potaje, hirviéndolo algo más. Puede añadirse arroz o fideos o simplemente substituir las coles por espinacas en abundancia. Se le pone un sofrito de ajo y unas hebras de azafrán.

GAZPACHO FRESCO

Un tomate grande, dos ajos, sal, tres cucharadas de aceite, un limón, un pimiento verde, un pepino, un cuarto de kilo de pan.

Se machacan los ajos, previamente pelados, con la sal; después de picados los pimientos y pelados los tomates se machacan también. Cuando todo esté muy bien batido en el molcajete se le agrega la miga de pan, que se procurará haber puesto en remojo unos diez minutos antes. Todo se bate en el molcajete muy bien batido y se le va agregando el aceite, batiendo sin parar hasta que todo esté muy deshecho. Se le añade limón y se vuelve a batir. Entonces se agregará el agua bien fresca. La corteza del pan se parte en pedacitos, lo mismo que el pepino y se añaden procurando que todo quede muy caldoso.

POLENTA CON CHAMPIÑONES Y TOMATE

Para un litro de agua hirviendo, un poco de sal y 400 gramos de harina de maíz.

Mientras se espesa se va añadiendo el agua suficiente, cebolla, perejil y manteca. Se añade después harina tostada, jugo de limón, cebollas, agua hirviendo y cuando está cocido pan y un poco de salsa de tomate. Se saltea todo muy bien. Esta salsa se mezcla al servirla con la sémola espesa de maíz ya preparada.

POTAJE DE ACELGAS A LA LEGUMBRE

Para cinco o seis personas: Se hacen hervir cien gramos de alubias y 350 gramos de garbanzos remojados desde la víspera; cuando ya están casi en su punto se les agregan dos manojos de acelgas partidas en pedazos, junto con una cebolla y una cabeza de ajos. Aparte se fríen en aceite cuatro o cinco dientes de ajo, que juntos con el aceite en que se frieron se echan al potaje.

POTAJE DE CALABAZAS CON PIÑONES

En una cazuela se pondrá a freír aceite fino, en la que se echarán un diente de ajo, laurel y hierbas de olor. Cuando el ajo tome color se saca y se echa la calabaza cortada en trocitos, dejándose cocer a fuego lento durante una media hora, revolviéndola y machacándola a medida que se va cociendo, hasta que quede como una pasta. Ya en este punto de cocción se añade una cantidad de piñones pelados y arroz cocido, si se quiere, continuando revolviendo unos minutos más en que ya puede servirse.

POTAJE DE COLES DE BRUSELAS CON ARROZ

Se rehogan las coles y a media cocción se añade el arroz, dejando que termine de cocer a fuego lento.

POTAJE MONACO

Se tienen preparadas tostadas de pan con manteca de nueces, azúcar y perejil picado finamente. Se toma leche y agua a partes iguales, se ponen al fuego y cuando está caliente se deshacen dos yemas de huevo, lo cual se vierte sobre las tostaditas de pan.

PURE DE CASTAÑAS

Se mondan 50 castañas, las cuales se tienen durante unos cinco minutos en agua hirviendo para quitarles la segunda piel. Se cuecen a fuego suave, se machacan y se deshacen con leche y manteca de vaca o de nueces y el agua en que han cocido. Se sirve caliente con tostoncitos de pan frito.

PURE DE HARINA DE FLOR

Se ponen tres cucharadas de harina de flor por cada persona. Se deslían en agua fría, se añaden tres cuartas partes de una taza de leche y la otra cuarta parte de agua. Se sala un poco este líquido, el cual deberá cocerse durante unos veinte minutos, agitándolo de vez en cuando para que no se formen grumos.

Este puré también puede hacerse con harina de guisantes, de alubias, de habas, etc.

PURE DE LENTEJAS

Se cuecen en agua, se pasan por un colador muy fino, se deslíen con leche y se añade la sal necesaria. Se sirven con manteca fresca.

Este puré puede confeccionarse asimismo con guisantes, habas, alubias, etc.

PURE DE PATATAS

Se cuecen las patatas al vapor, se pasan por un tamiz fino y se mezclan con tres cuartas partes de leche y una de agua.

SOPA A LA CREMA

Se ponen a cocer 100 gramos de garbanzos y unas zanahorias, se añade una cucharada de harina de trigo (o de cualquier otro cereal), por persona. Aparte se fríen en aceite unas rebanaditas de pan, se sacan y se sofríe en el mismo aceite cebolla y tomate, echándolo todo junto a la sopa.

SOPA A LA MODA

Se necesitan treinta gramos de sémola fina por vaso. Se pone leche a hervir y mientras se va calentando se va echando la sémola poco a poco, sin dejar de remover. Se deja enfriar y se añade por vaso de leche un huevo batido; se mete al horno unos cinco minutos y se espolvorea con azúcar.

SOPA AL TOMATE

Se hace un sofrito abundante, con manteca o aceite fino, de cebolla y tomate. Se tamiza el sofrito y se echan trocitos de pan y agua sazonada con sal, cociéndolo todo muy bien. Después pueden batirse dos huevos y añadirse a la sopa, dejándola hervir unos minutos más.

SOPA DE ALMENDRAS

Se despellejan y se machacan muy bien las almendras, echando poco a poco agua templada, azúcar y canela en polvo. Se tamiza y se echa sobre rebanadas de pan espolvoreado de canela, introduciéndolo todo en el horno, puesto en una fuente refractaria.

SOPA DE ARROZ CON VERDURAS

Se limpian las espinacas y lechugas, se quita la piel a las cebollas y se cortan estos vegetales en trocitos. Después se cuecen en un litro de agua, durante veinte minutos, con la sal correspondiente. Cuando las verduras estén ya suficientemente cocidas, se hace pasar el caldo en que han hervido por un tamiz y luego, con este mismo caldo, se hace hervir el arroz durante cincuenta minutos, agregándole al final dos cucharadas de zumo de limón. Las espinacas y las verduras se pueden servir aparte aliñadas con aceite fino.

SOPA DE CALABAZA

Se rehogan pedazos de calabaza con agua; se reduce a puré y se le le adiciona leche y sal. Se vierte mezclado con arroz cocido, sazonándolo todo con azúcar, si así se desea. Se sirve con costroncitos de pan frito.

SOPA DE CEBOLLA

Con manteca, agua, sal y pimiento encarnado se rehogan unas cebollas cortadas en trocitos; a los diez minutos se echan ralladuras de queso gruyere o parmesano, se añaden trozos de pan chupados con clara de huevo y el agua y la sal correspondiente. Se deja hervir y se gratina al horno con más ralladuras de queso.

SOPA DE CEREALES Y LEGUMBRES

Se cuecen en agua hirviendo patatas, pan negro, guisantes, alubias blancas, garbanzos, habas, zanahorias, nabos y cebollas. Cuando todo está en su punto se tamiza. Se cuecen en el caldo colado arroz o bien trigo, cebada, sémola o copos de avena, etc., o cualquier otro cereal ligeramente tostado de antemano. Se echa al caldo un sofrito de cebolla. Puede servirse con yemas de huevo desleídas en el caldo y las claras batidas a punto de nieve y un poco de manteca.

SOPA DE COL

Se ponen a hervir en agua y sal unas hojas de col verde con tres dientes de ajo. Aparte se tienen cortadas rebanadas de pan moreno y se rocían con aceite fino. Se vierte el caldo junto con la col sobre el pan y se cubre con otro plato hasta que haya terminado de hervir.

SOPA DE COLIFLOR

Se pasa por colador un cocimiento de alubias blancas y si se quiere con nabos y espárragos además. Se tamiza el caldo y cuando hierva se le echa la coliflor cortada, un pedazo de pan tostado y harina dorada en manteca frita, si se gusta espeso, y después, cuando está cocido, la pasta que se desee, macarrones, por ejemplo.

SOPA DE HARINA

Rállese una patata grande y póngase a cocer en agua hirviendo con una ramita de tomillo o de orégano y aceite. Cuézase en este caldo un par de puñados de harina de trigo o de maíz y un poco de cebolla frita.

SOPA DE LENTEJAS

Se prepara un sofrito de cebolla y tomate y se echan las lentejas remojadas desde la víspera. Se añade el agua, una cabeza de ajo, un par de cebollas y dos tomates enteros, una hoja de laurel y un chorro de aceite fino. Al final de la cocción se echa en la sopa un tostón de pan frito machacado con un ajo. Es bueno aprovechar para cocer las legumbres la misma agua en que se han reblandecido las lentejas, para lo cual deberán estar bien lavadas.

Esta misma sopa puede confeccionarse con guisantes, habas, etc.

SOPA DE MAIZ

Se sofríen con cebolla una cabeza de ajo y algunos trocitos de pan. Se echa agua hirviendo a este sofrito y se deshace en ella, poco a poco, la harina de maíz, dejándola hervir hasta que espese bien. Puede comerse con dátiles o rociada por capas con una salsa de nueces, avellanas y hongos, espolvoreándola con queso rallado.

SOPA DE MAIZ CON VERDURAS

Se hierve primero la verdura (col, patatas, zanahorias, cebollas, puerros, etc.), y después se le echa poco a poco el maíz, removiendo continuamente. Se espolvorea al servirla con capas de queso.

SOPA DE PAN COMPLETO

Se cuece el pan con agua y sal. Se pasa por tamiz y se le añade manteca derretida. Antes el agua puede sazonarse con tomillo o menta.

SOPA DE PAN CON LECHE

En vez de agua puede hacerse la sopa anterior con leche o con agua y leche en partes iguales, añadiéndole ésta caliente al momento de servir, con una yema de huevo disuelta. Puede cocerse también con uvas pasas.

SOPA DE REPOLLO A LA MALLORQUINA

En una olla de barro se pone aceite a calentar; cuando hierva se echan cebollas cortadas en pequeños trozos y después tomates también cortaditos. Cuando esté hecha la fritura se agrega el repollo cortado en pedacitos y un poco de agua y se deja hervir hasta que esté muy blando. Luego se le añade el agua y sal que se crea conveniente y cuando hierva se van colocando rebanadas de pan integral, que se habrán cortado lo más finas posible, procurando que el repollo quede siempre encima. Se deja hervir durante diez minutos a fuego lento y antes de sacar la olla del fuego se riegan las sopas con un poco de aceite crudo y después se tapa y se deja en reposo hasta que se haya absorbido todo el caldo.

SOPA DE QUESO

Se hace un sofrito abundante de cebolla y manteca. En una cacerola se superpone a una capa de sofrito, otra de rebanaditas de pan delgadas con ralladuras de queso, otra capa de pan y otra de sofrito con ralladuras de queso, y así sucesivamente, terminando con una capa de queso. Se echa encima la cantidad de caldo necesario para cocer el pan y se introduce en el horno.

SOPA DE SEMOLA DE AVENA

Se hace un cocimiento de sémola de avena (dos cucharadas para dos personas), se tamiza a la mitad de la cocción y se le agrega volviéndolo al fuego una media hora más, pasas de Corinto. Se le añade manteca de nueces. Puede sazonarse con miel.

SOPA DE TOMATES CRUDOS

Se pone avena a remojar en agua. Se lavan los tomates, se cortan y se pasan por el cedazo. Se mezclan con la avena y después se añade cebolla rallada, ajo picado finamente, sal y aceite. Se sirve.

SOPA DE VERDURAS

Se hierven algunas patatas y cebollas hasta que se conviertan en puré, se colora el caldo con salsa de tomate y se cuecen en el caldo varias de estas hortalizas: bróculi, acelgas, coles, nabos, coliflor, alcachofa, guisantes, escarola, lechuga, perifollo, etc. Si se quiere se liará con un huevo.

La primera parte de esta sopa puede substituirse por un rehogado, en aceite, de judías verdes, alcachofas, calabacines, ajos, perejil, berenjenas, zanahorias, etc. Se cuecen las verduras a fuego lento, bien tapadas, y si se sirven las verduras aparte se hará el caldo con macarrones o fideos, con o sin queso.

SOPA GUISADA DE BERENJENAS

Se rehogan berenjenas con aceite y ajo y se hace con ello una pasta que se tamiza. Se añade a este puré un puñado de hongos, setas o trufas y una cucharada de pasas o piñones, dejándolo hervir durante media hora. Luego se echa arroz y se continúa hirviendo hasta terminar la cocción.

SOPA MARINA

Se hierve en agua y sal una cantidad de alubias secas. En el molcajete se majan dos dientes de ajo, perejil y tomate. Se sofríe el picadillo en aceite hirviendo y después se junta a las judías. Se pasa por tamiz, se vuelve al fuego añadiéndole manteca y se sirve con tostones de pan frito.

SOPA MERY

300 gramos de patatas, 400 gramos de zanahorias, 100 gramos de nabos, 80 gramos de harina de guisantes y 30 gramos de sal en siete litros de agua. Póngase a hervir todo a fuego lento durante cuatro o cinco horas. Puede colarse el caldo si se desea tomarlo solo.

SOPA VERDE

20 hojas de acelgas, 2 cucharadas de mantequilla, 5 papas medianas, 2 yemas de huevo, rebanadas de pan frito 2 bolillos, sal y pimienta al gusto.

Se pican las hojas de las acelgas y se doran en mantequilla, después se agregan las papas cocidas y desechas, la sal y pimienta. Se vierte el caldo y se deja cocer a fuego lento. La sopera en que se va a servir se le agregan las dos yemas batidas y por último el pan frito. Se sirve bien caliente.

SOPA MINESTRONE

Mantequilla 50 gramos, col 125 gramos, ejotes 100 gramos, nabos 2, zanahorias 3, jitomate 350 gramos, cebolla 1, fideo grueso 75 gramos, queso parmesano 150 gramos.

Las verduras se pican finamente y se fríen en la mantequilla, se agrega el jitomate asado, molido con la cebolla y colado; cuando reseca, se agrega el caldo, se sazona con la sal y la pimienta. Cuando las verduras están cocidas se le agrega el fideo que ya habrá estado cocido y escurrido. Se deja hervir cinco minutos, se le agrega el queso cuando se retira de la lumbre.

GUISOS DE LEGUMBRES SECAS Y FRESCAS

ALCACHOFAS

ALCACHOFAS A LA CATALANA

Cuando están a medio cocer se sacan de la cacerola, se les quita la pelusa y se pone en su lugar un polvo de perejil, cebolla picada, ajos picados, sal, pimienta, un poquito de pan rallado y una cucharadita de aceite; se ponen en la parrilla y se sirven muy calientes.

ALCACHOFAS ANACALUF

Primero se les quita a las alcachofas las hojas de afuera, se limpian los corazones y se dejan en vinagre durante media hora; luego se cuecen en agua hirviendo. Cuando están cocidas se secan bien con un paño limpio y se corta en cuatro partes cada corazón; luego se fríen en mantequilla con perejil picado y jugo de limón. Se sirven con tostones de pan frito.

ALCACHOFAS CON SETAS O CHAMPIÑONES

Se saltean las setas o champiñones con jugo de limón, mantequilla y sal durante un cuarto de hora y se añaden los fondos de alcachofa previamente rehogados unos veinte minutos en agua hirviendo. Se mezcla con una salsa blanca y se introduce al horno durante unos tres cuartos de hora.

ALCACHOFAS CON TOMATES

Se rehogan las alcachofas en una cacerola, procurando que queden cubiertas de agua, con canela, nuez moscada, perejil, pimentón y sal, cociéndose al horno durante un par de horas con una salsa de tomate.

ALCACHOFAS EN SALSA BLANCA

Cocidas y enteras se colocan las alcachofas en una fuente y bien calientes se sirven con salsa blanca en una salsera aparte.

ALCACHOFAS EXPRES

Se eligen alcachofas tiernas, se les sacan las hojas de afuera y las pelusas del centro, en seguida se lavan muy bien y se dejan destilar. En una sartén se calientan dos cucharadas de mantequilla y se echan en ella los corazones de alcachofas hasta que tomen color y se escurran.

ALCACHOFAS ORLOFF

Después de cocidas las alcachofas se les saca toda la comida de las hojas, picándola muy fina. Se fríe una cebolla en aceite, añadiendo las alcachofas, aliños y perejil picado. Se arreglan en una pastelera capas de alcachofas, huevos duros y pan rallado; se repite hasta terminar con pan rallado. Se pone al horno y se sirve caliente.

ALCACHOFAS RELLENAS

Algunos las hacen en crudo y otros cuando están cocidas. Si se han cocido, se sacan y con una cuchara de palo se hace un hueco en cada alcachofa, abriendo las hojas. Se echa allí el picadillo que se quiera, pero generalmente es de jamón y de pechuga de ave, y se cierra la alcachofa. Se ata con un hilo para que se mantenga dentro el relleno y no se salga durante la cocción, pues la alcachofa tiende a abrirse por lo general. Sobre el relleno se vierte un poco de aceite y por encima de todo se echa ralladura de pan mezclada con perejil y ajo bien picaditos. Si se quiere se puede preparar este guiso en el horno, pero también puede hacerse a fuego lento y durante un cuarto de hora recocerlas con unas cucharadas de caldo en una cacerola de brascar, con fuego fuerte en la parte superior.

ALCACHOFAS RELLENAS FRIAS

Se cuecen las alcachofas, se sacan los fondos y a las hojas se les quita la parte comestible. Se pican algunos fondos, se unen con la comida de las hojas y se aliñan con vinagre, aceite, sal y pimienta. Se rellenan los fondos con esta comida y se cubren con salsa mayonesa.

ACELGAS

ACELGAS A LA BECHAMEL

Se raspan y cuecen los troncos o costillas anchas de las acelgas, despojadas de la parte hojosa, se pasan por la harina y se fríen, sirviéndolas con una salsa bechamel, de tomate, de almendra, etc., o con patatas.

ACELGAS A LA CEBOLLA

Se doran en aceite cebollas y zanahorias picadas, agregando después ajo, perejil, orégano, laurel o romero. Se sofríen junto con ello las acelgas cocidas y se echa un poco del propio caldo con avellanas machacadas.

ACELGAS AL TOMATE

Se sofríen las acelgas con ajo y perejil y después de rehogadas y escurridas se les añade una salsa de tomate.

ACELGAS CON PASAS Y PIÑONES

Se sofríen las acelgas en crudo con ajo y perejil, añadiéndoles pasas y piñones ya reblandecidos.

ALBONDIGAS DE ESPINACAS

Espinacas 3 manojos, queso fresco 1, aceite, huevos 2, harina, pimienta y sal.

Las espinacas se lavan y se les quitan los tallos, se hierven en agua caliente y sal por dos o tres minutos. Se exprimen perfectamente y se hacen unas albóndigas con trozos de queso en el centro. Se enharinan y se capean con huevo friéndose en aceite caliente. Si se quiere se sirven con caldillo de jitomate.

APIO

APIO A LA CREMA

Se corta el apio, se rehoga y se escurre. Se prepara una bechamel con su jugo o una salsa de leche y manteca de nueces y se tienen las tiras de apio con ella unos minutos al fuego.

APIO A LA MILANESA

Bien limpio, se le da un hervor en agua salada. Se enmantequilla una budinera y luego se coloca allí el apio por capas, o sea, una capa de apio, otra de queso de Parma rallado y así hasta terminar, debiendo ser la última capa de queso. Se introduce en el horno a fuego fuerte.

APIO AL GRATIN

Se prepara igual que la receta anterior, cambiando el queso por capas de pan rallado.

APIO AL JUGO

A unas cebollas fritas en manteca se añade el apio limpio y cortado en tiras. Se rehogan en perejil y clavo durante dos horas con la cazuela cubierta con un papel engrasado y bien tapada. Se sirve con patatas o con salsa trufada, acabándolo de rehogar en ella.

APIO EN PURÉ

El apio rehogado se maja en el molcajete y se echa en manteca derretida, cociéndolo con leche. Se sirve con patatas harinosas.

APIO CON SALSA

Se pela el apio, que ha de ser grueso y blanco, cortándolo después en pedazos más o menos del mismo largo, amarrándolos en haces y calculando que dos atados han de bastar para servir un plato. Se cuecen entonces en agua que se remuda dos veces. Se deja escurrir y entretanto se hace una salsa batiendo mantequilla hasta que se parezca a las claras batidas como para merengue. Se le agrega una yema de huevo por cada cucharada de mantequilla, se sigue batiendo y se sazona con sal y pimienta. Esta salsa se pone en una fuente redonda refractaria, colocando sobre ella los ataditos de apio, que se espolvorean con perejil y huevo duro picado. Se mete al horno y se sirve.

APIO CON SALSA MAYONESA

Cocido y escurrido el apio se corta en trocitos y se ponen en una fuente para que se enfríen; se les vierte encima una salsa mayonesa de regular espesor y se adorna con una rodaja de huevo duro y aceitunas.

APIO ENCAPUCHADO

Cortado en pedazos y cocido hasta la evaporación del agua poco a poco, a fin de que no pierda el aroma, se acaba de rehogar el apio con leche, sal, harina y manteca, removiendo hasta que quede una masa compacta. Puede servirse sobre triángulos de pan frito en manteca y una salsa.

BERENJENAS

BERENJENAS A LA FRANCESA

Se pelan y se cortan a lo largo en rebanadas. Por separado se pican tomates en igual cantidad; en seguida se echa aceite en una budinera y se colocan una capa de berenjenas y otra de tomates, según lo alto de la budinera. Se aliña con sal y pimienta y se rocía con aceite para ponerlo al horno. También se puede intercalar queso rallado en las capas.

BERENJENAS A LA PARRILLA

Se cortan las berenjenas en tajadas largas y previamente aliñadas con aceite, sal, ajo y perejil, se asan a la parrilla.

BERENJENAS A LA VALENCIANA

Se parten por medio a lo largo y puestas en un plato se espolvorean con sal y pimienta, se bañan con aceite y se dejan en este aderezo durante media hora. Después se ponen a asar a la parrilla.

BERENJENAS A LA ZINGARA

Se pelan y se hacen cocer en agua hirviendo con sal. Cuando están cocidas se pasan por cedazos y se agrega un buen trozo de mantequilla, perejil, ajo y tomates, se pone todo al fuego, se deja hervir unos momentos y se vuelve a pasar por cedazo, poniéndolo al fuego de nuevo. En el momento de servir, se mezcla con queso rallado.

BERENJENAS AL TOMATE

Se cortan las berenjenas en pedazos y bien untados con mantequilla se meten al horno. Cuando se ablandan se les echa perejil, romero y tomillo finamente picados. Se acaban de dorar, cuidando de voltearlas para que doren por igual, y al final se rocían con una salsa de tomate.

BERENJENAS CON PATATAS

Se fríen las berenjenas partidas y lo mismo las patatas, y juntas ambas en una cazuela se ponen al fuego con ajo frito, tomate, picadillo de almendras y un poco de agua.

BERENJENAS FRITAS

Se pelan y se cortan en lonjas y se les pone sal; se hace una salsa con huevo, harina y leche, se empapan las lonjas de berenjena en esta mezcla y se fríen en aceite bien caliente.

BERENJENAS LANGUEDOC

Se parten las berenjenas a lo largo por la mitad y se les hacen algunas incisiones; se salan. Se rehogan al horno con aceite y cuando están cocidas se les echa un sofrito de ajo, perejil y pan rallado o se dejan cocer un rato en un caldo de picadillo de nueces y avellanas.

BERENJENAS PALMESANAS

Se pelan, se fríen cortadas en cuadritos y en el mismo aceite o manteca se fríen patatas cortadas igualmente y luego un pimiento ya asado y mondado. Se mezcla todo bien unido a un par de huevos y se lleva al horno en un molde untado con mantequilla, guarnecido de pimientos encarnados asados y pelados. Al servirlo se le añade una salsa de tomate.

BERENJENAS RELLENAS

Se elijen berenjenas bien maduras, se cortan a lo largo por la mitad, se les quita la parte de la carne sin lastimar la corteza y se pican muy menudas. Se pone esto en una vasija honda para que escurra, añadiéndole sal, pimienta y un poquito de vinagre; se deja así por espacio de una hora. Luego se picará finamente perejil, cebolla y ajos y se pasa todo por manteca; exprímase la carne de las berenjenas y agréguese al condimento. Aparte de esto se remojará miga de pan en caldo o leche, se estruja y muele bien, se sazona y se rellenan las berenjenas. Se espolvorean con pan rallado, se rocían con manteca y se ponen al horno a fuego vivo.

BERENJENAS SUIZAS

Se cortan las berenjenas a rebanadas, se pelan, se salan y se les echa un picadillo de tomate y cebolla. Se disponen en un molde por capas y entre ellas capas de queso y miga de pan y al final mantequilla. Se doran al horno.

CALABACINES

CALABACINES FRITOS

Se cuecen a rebanadas con agua y sal y se fríen después de pasarlos por pan rallado y huevo batido.

CALABACINES RELLENOS

Se preparan exactamente igual que las berenjenas rellenas.

CALABAZAS

CALABAZAS AL TOMATE

Se rehogan las calabazas con tomate y cebolla, se tamiza y se añade harina dorada en manteca. Se comen con arroz, maíz, etc.

CALABAZAS ASADAS

Se rehogan a pedazos, con ascuas en la tapadera de la cacerola, con aceite, limón, pimienta, perejil y queso rallado, pudiendo añadirse huevos batidos y miga de pan.

CALABAZAS CON CASTAÑAS

Se rehogan las calabazas y las castañas, se mezclan y se acaban de cocer con una salsa blanca.

CALABAZAS FRITAS

Se cortan las calabazas, se salan y se lavan después los pedacitos; se fríen y azucaran a la vez en fuego suave. Puede freírse tambien la calabaza después de rehogada con aceite, leche, cebolla y hojas de lechuga picada finamente, pasándola por la harina y procurando que no ennegrezca, sirviéndola sobre rebanadas de pan frito, azúcar y canela.

CEBOLLAS

CEBOLLAS EN PURE

Se cortan las cebollas bien menudas, se fríen en una cacerola a fuego vivo con bastante manteca, sin que ésta ni las cebollas se coloreen, se espolvorean con harina hasta que cuaje un poco; se dejan cocer a fuego vivo un rato, pero revolviendo continuamente con una cuchara y se les añade leche. Desde este momento la cocción debe ser muy lenta y durará un cuarto de hora hasta que se reduzca a la mitad. Se pasa todo por un cedazo fino y la pasta se hace cuajar al baño de maría en otra cacerola con dos yemas de huevo disueltas en leche en el acto de servir. Este es un plato de lujo que se presenta con éxito en las grandes mesas, sirviendo de complemento, aunque aparte, una ensalada fresca.

CEBOLLAS ESTOFADAS

Se escogen cebollas pequeñitas y se doran en aceite; se agrega después tomillo, laurel, orégano, hongos tiernos, cabezas de ajo, pimienta, clavo de especia, chocolate rallado, zumo de uvas o jugo de limón. Se rehogan así bien tapadas a fuego moderado hasta que estén blandas por dentro. Se sirven con patatas harinosas.

CEBOLLAS HERVIDAS

Las cebollas cortadas y hervidas durante diez minutos en agua se aliñan en frío con jugo de limón y aceite.

CEBOLLAS HORNEADAS

Para cocer las cebollas al horno se cortan en pedazos grandes que se cubren con pan rallado, perejil y manteca. Pueden añadirse tiras de pimentón asado al rescoldo.

También pueden servirse en pedazos sobre rabanadas de pan frito en manteca, con salsa.

CEBOLLAS RELLENAS

Se escogen cebollas grandes, se vacían y se rellenan con una pasta de manteca, miga de pan, yemas de huevo, sal, hierbas aromáticas picadas finamente, ajo, perejil y queso rallado. En una fuente untada y bien espolvoreadas de azúcar, se cuecen al horno a fuego vivo. En el relleno pueden entrar la patata y las setas.

COLES

COLES A LA FLAMENCA

Se rehogan coles de buena calidad con poca agua, se escurren bien y se sazonan extendiéndolas sobre una mesa. Cada hoja de col se lía en forma de cigarro con una porción de un relleno que se prepara con una pasta de tomate y cebolla fritos, picadillo de almendras o avellanas y yemas de huevo crudo. Los rollos atados se pasan por harina y la clara de huevo, para freírlas en aceite. Después pueden tenerse a horno suave un buen rato, bien rociadas con una salsa de tomate y tapadas. Es un plato excelente. En la salsa de tomate puede añadirse cebolla, ajo, perejil y guisantes hervidos.

COLES A LA JOSEFINA

Se escurren bien los cuatro cedazos de una col cocida, se pasan por harina y se echan en una cacerola donde habrá un sofrito de cebolla, acabándolo de cocer a fuego suave con leche y manteca.

COLES A LA TEDESCA

Medio cocidas se escurren, se pican y se mezclan con un picadillo de perejil, hierbabuena, galleta rallada y cebolla con azúcar. Se pone la mezcla con rodajas de manzana en una cacerola, entre dos fuegos, y se vierten en ella un par de huevos batidos. Al servir se espolvorea con canela y azúcar.

COLES BLANCAS COMPUESTAS

Se hierven las hojas, se rocían con agua fría unos diez minutos para quitarles el tufo especial, se escurren y se ponen a rehogar con aceite o manteca, echándoles un sofrito de ajos enteros que después se quitan, mucha cebolla picada, trufas, piñones, tomate y pimienta encarnada. Se le echan también algunas judías que se habrán frito en el mismo aceite y un poco del agua en que habrán cocido. Se sala y se deja cocer bien a fuego lento con la olla tapada. Pueden servirse con setas tiernas fritas y jugo de tomate.

COLES EN ENSALADA

Se hierven las hojas como en la receta anterior, se cuecen de nuevo y se sirven con salsa de jugo de limón, yemas de huevo, sal, pimienta y estragón.

COLES CON NATA

Después de lavada y bien limpia se pone a cocer en agua hirviendo bien sazonada con sal y luego, cuando cede al apretarla con el dedo, se escurre; se echa en una cacerola con manteca, sal, pimienta, nuez moscada y una cucharada de harina y se humedece con bastante nata.

COLES DORADAS

Se rehogan las coles en agua salada en vasija bien tapada durante dos o tres horas, o bien al vapor. Luego se doran en manteca o aceite, harina, cebolla picada y el jugo de la propia col, removiendo continuamente.

COLES FLORIDAS CON MAYONESA

Se escogen brotes tiernos de coles floridas, se cuecen al vapor con algunas gotas de aceite o algo de manteca y se sirven con la salsa que se tiene preparada.

COLES RELLENAS

Dos maneras. Primera: Se rellenan los cogollos cocidos y escurridos con un sofrito de tomate, cebollas, piñones y champiñones.

Se ata la col y se rehoga en cazuela tapada con manteca y aceite.
Segunda: Pueden añadirse a un simple sofrito de cebollas las hojas del centro de la col, crudas y picadas finamente, y mezclarse después con guisantes y zanahorias cocidas y trinchadas, sal, miga de pan empapada de leche, huevos crudos, huevos revueltos, rellenando con ello los cogollos de la col atada o envuelta en una muselina para rehogarlos.

COLES SAN PETERSBURGO

Se pican finamente cebollas y ajos y se fríen en manteca, sin dejar que tomen color; se agregan también sal, pimienta, perejil picado, nuez moscada y dos cucharadas de sémola; se deja cocer a fuego lento y se retira. Se escogen las mejores hojas de la col, se corta el resto en cuatro o en ocho partes, se les da un hervor en agua salada, se escurren, se pican y se unen a la salsa anterior. Con esto se rellenan las hojas que luego se envuelven y se cuecen suavemente al vapor en una cacerola con manteca.

COLES VERDES CON CASTAÑAS

Se aprietan fuertemente las hojas de la col separadas y enteras sobre unas veinte castañas limpias en el fondo de una cacerola. Se cuece con medio litro de leche y se sirve con el propio jugo, del que se hace aparte una salsa espesándola con harina y manteca al fuego. Las castañas se colocan alrededor del plato.

COLES DE BRUSELAS A LA MANTECA

Se preparan como la col dorada, se tienen después un rato dentro del horno y pueden servirse con tomate al gratín, pedazos de calabacín frito, etc.

COLES DE BRUSELAS CON SALSA

Se cuecen al vapor o en recipiente herméticamente tapado y en seco al baño de maría. Se sirven con un puré hecho con patatas, leche y manteca.

COLIFLORES

COLIFLOR A LA CREMA MARIA

Se tapiza una fuente con hojas de lechuga y se vierte encima una salsa que se prepara del modo siguiente: Se cuela una salsa de tomates fritos en aceite y se pisan con ella en el molcajete yemas de huevo duro y aceite crudo, que se va añadiendo poco a poco. Los gajos o pedazos de una coliflor cocida se disponen sobre las hojas de lechuga cubiertas de esta salsa, formando corona en cuyo centro se levanta una pirámide de rodajas de limón, cogollos de lechuga, rábanos y aceitunas. Las claras de los huevos cocidos se cortan artísticamente y se colocan en torno de la coliflor.

COLIFLOR AL GRATIN

Se cuece al vapor o se rehoga y con su jugo se hace una salsa blanca con que ha de servirse; se le añade queso y pan rallado y se gratina al horno.

COLIFLOR AL HORNO

Se rehoga al horno con manteca; cuando está medio cocida se espolvorea con tomillo, romero, perejil y ajo. Al final de la cocción se rocía con un vaso de zumo de uva con dos yemas batidas. Se saca luego del horno, se corta en rebanadas y se sirve con huevo o patatas, fritos.

COLIFLOR EN ENSALADA

Cocida sin deshacer se coloca artísticamente en gajos o pedazos en una fuente tapizada de hojas de lechuga formando una corona que se rellena con rodajas de limón y aceitunas, rábanos, cogollos de lechuga, aceite, sal y jugo de limón.

COLIFLOR EN TAJADAS

Se pica menuda la coliflor con cebolla, ajo, perejil y tomillo. Se deshace al fuego en cazuela de barro con manteca vegetal. A la pasta se añade un amasijo de galleta rallada, piñones y huevo batido.

Se cuece al horno o al baño de maría en molde engrasado. Una vez gratinado se corta a rebanadas y se sirve con cualquier salsa, la de tomate, por ejemplo.

COLIFLOR CON NATA

Se limpia y se lava bien la coliflor; luego se pone a cocer en agua hirviendo, en la que se ha puesto sal y un poco de harina desleída en agua, para que se mantenga blanca. Una vez cocida se pone en una fuente, echando encima la nata y espolvoreándola con pimienta, sal y pan rallado. Se pone en seguida a fuego lento al horno durante un cuarto de hora.

COLIFLOR CON QUESO

Se cuecen con agua y un poco de sal, se escurren y se empapan con salsa blanca, queso y pan rallado. Se ponen al horno para que doren y se sirven calientes.

COLIFLOR EMPANADA

Miga de pan en leche, tres yemas de huevo, sal, pimienta, un picadillo de almendras, junto con las claras batidas aparte, se mezcla bien la coliflor cocida y escurrida. Se cuece al baño de maría durante una hora en molde engrasado. Se sirve con salsa blanca o de leche con manteca y harina.

COLIFLOR ESTOFADA

Se rehoga la coliflor aromatizando el agua de cocción con pimiento, clavo, manteca, una hoja de laurel y dientes de ajo picados.

COLIFLOR FRITA

Se humedecen con jugo de limón los gajos de la coliflor, se pasan por huevo batido y se fríen en manteca o aceite con fuego suave. Se sirve con tostones de pan, aceitunas o puré de patatas.

COLIFLOR PETIT-POIS

En jugo de uva terciado de agua, clavo de especia y corteza

de limón se cuecen los gajos de coliflor. Se hace un sofrito con hiervas juliana frescas y se saltea en la manteca.

EJOTES

EJOTES A LA MANTECA

Después de bien cocidos los ejotes pueden saltearse en manteca con guisantes y zanahorias hervidos.

EJOTES AL ALI-OLI

Se preparan como los anteriores, sofritos con ajo y perejil y se rodean al presentarlos a la mesa de patatas asadas con manteca vegetal y polvo de pimienta. Se sirven con ali-oli encima.

EJOTES REHOGADOS

Con tomates, cebollas, cabezas de ajo, laurel, tomillo, canela, patatas, sal, aceite y poquísima o ninguna agua si son muy tiernos, se rehogan lavados y bien tapados. Este es un plato excelente que puede servir de tipo a todos los rehogados de verdura, col, coliflor, etc.

ESPARRAGOS

ESPARRAGOS A LA FAVORITA

Se escogen espárragos bien gruesos y se cortan de cinco centímetros de largo. Se cuecen en agua hirviendo, se sacan del fuego y antes de que enfríen se deshace un pedazo de mantequilla con sal, pimienta, vinagre y yemas de huevo duro; una vez preparada esta salsa se vierte sobre los espárragos y se sirve muy caliente.

ESPARRAGOS A LA MANTECA

Se rehogan sólo las partes tiernas con cebolla y se saltean con manteca, solos o con algunos guisantes cocidos. Se sirven con una salsa.

ESPARRAGOS A LA PARMESANA

Se raspan los espárragos y se cuecen en agua hirviendo por espacio de veinte minutos; después de este tiempo se sacan y se pasan ligero por agua fría. Se colocan en una pudinera con todas las cabezas para el mismo lado, se les espolvorea sal, queso, pimienta y mantequilla y se meten al horno durante unos cinco minutos.

ESPARRAGOS AL INFIERNO

Se eligen espárragos verdes y se preparan en la forma siguiente: Se despuntan, pues deben ocuparse únicamente las puntas, se ponen a freír en una cacerola con manteca y sal; una vez algo dorados, se les agregan cebolla bien fina y ajos picados y se siguen cociendo; luego, cuando estén dorados, se les echa el agua necesaria para que cuezan y se les pone unas hebras de azafrán. Al momento de servir se presentan con un huevo por persona, que debe estrellarse en aquella salsa.

ESPARRAGOS EN CAZUELA

Se rehogan piñones y puntas de espárragos y setas finas con cebolla, ajo, perejil, huevo batido, azúcar y nuez moscada. Se les incorpora harina disuelta en caldo, dorada en la sartén en bastante cantidad de manteca.

ESPARRAGOS EN SALSA BECHAMEL

Se cuecen en la forma usual, se acomodan en una budinera y se esparce la salsa bechamel encima. Se sirven calientes.

ESPARRAGOS FRITOS

Después de cocidos los espárragos sin las partes duras, se pasan por la pasta de freír y se echan en la manteca o aceite hirviendo. Pueden cocerse con leche y unas matas de tomillo y agregar en la pasta de freír almendra molida. Se comen con patatas.

ESPARRAGOS HERVIDOS

Se cuecen en agua con sal. Se sirven con cualquier salsa, la verde, por ejemplo, o con jugo de limón y aceite.

ESPINACAS

ESPINACAS A LA HAMBURGUESA

Se limpian y se cuecen las espinacas con lechuga para quitarles su aspereza y hacerlas más dulces, en seguida se apartan del fuego, se echan en agua fría y se exprimen, Se pican y se echan en una cacerola, sazonándolas con sal, azúcar, nuez moscada y un polvo de harina, humedeciéndolas con leche o nata. Se dejan cocer durante otro cuarto de hora.

ESPINACAS A LA MANTECA

Bien lavadas para limpiarlas de la tierra, se cortan menudas y se rehogan dulcemente con manteca.

ESPINACAS A LO DUMAS

Se saltean con manteca y se les agrega azúcar, harina, hierbas juliana, huevo batido y algo más de manteca; se hace de esto una pasta con la que se recubren delgadas rebanaditas de pan empapadas de huevo o leche que se fríen con mucho aceite.

ESPINACAS CON HUEVOS ESTRELLADOS

Se prepara un puré de espinacas, se espesa enjugando el agua a fuego suave con manteca; se añade después una cucharada de harina en un vaso de leche, sal y manteca; amasado bien todo y servido con huevos estrellados. Pueden servirse con guisantes salteados en manteca

ESPINACAS CON HUEVO REVUELTO

Se sofríen en crudo con ajo y perejil, añadiéndoles setas y huevo batido. Pueden servirse con patatas o salsa a la mayonesa.

ESPINACAS CON PASAS Y PIÑONES

Se procede igualmente como en la receta anterior, substituyendo las setas por pasas y piñones ya reblandecidos.

ESPINACAS EN ALBONDIGAS

Se derriten 125 gramos de manteca y cuando está fría se amasa con harina y cuatro huevos batidos, y se hace una pasta con las espinacas bien lavadas y picadas. Esta pasta se divide en partes que se redondean y pasan por harina poniéndolas a cocer en agua hirviendo.

ESPINACAS EN DULCE AL PURE

Se prepara un puré de espinacas al que se le añade azúcar, leche, ralladuras de limón y macarrones aplastados. La masa resultante se reseca durante cinco minutos al fuego vivo, revolviendo con una cuchara de madera. Se sirve guarnecido de bizcochos.

ESPINACAS EN PASTELILLOS

Se hace una pasta de hojaldre, se divide en cuadritos planos y en cada uno de ellos se coloca una cucharadita de puré de espinacas; se mojan los bordes de la pasta, se doblan cerrando bien el puré dentro y se fríen espolvoreándolos con azúcar al servirlos.

FRIJOLES

FRIJOLES A LA PROVENZAL

Se ponen a cocer los frijoles, después de haberlos tenido en remojo desde el día anterior. Después de cocidos se lavan. Se remoja un bolillo en leche, aparte se cuecen pimientos dulces que, finamente picados, se unen al pan; se pasa por cedazo. Se fríe un poco de cebolla en mantequilla, se le agrega el pan remojado en leche con los pimientos y los frijoles, sal y pimienta. Se dejan hervir lentamente, dejándolos de un espesor regular.

FRIJOLES A LOS MACARRONES

Una taza de frijoles cocidos se mezcla a 500 gramos de tomates, cebolla, laurel y jugo de limón y se añaden 500 gramos de macarrones cocidos y tamizados, rehogándolo todo junto con queso parmesano. Puede echársele un sofrito de cebolla antes de mezclar los macarrones.

FRIJOLES ASADOS O AL HORNO

Cocidos con cebollas, se escurren y se llevan en una fuente al horno a gratinar con miga de pan tostado, arroz cocido y manteca. Pueden hacerse pasta y darles la forma de croquetas al introducirlos en el horno. Se sirven con salsa de tomate.

FRIJOLES EN PURE

Se cuecen los frijoles en la misma agua en que se han ablandado, se pasan por tamiz con ayuda de agua o leche caliente, se les adiciona manteca y se dora al horno. Se sirve en triángulos de pan frito con manteca, adornados con perejil y rodajas de limón.

FRIJOLES EN SALSA

Los frijoles bien cocidos se sirven con salsa guisada de leche, manteca, pan, sal, nuez moscada, etc.

FRIJOLES FRITOS

Se sofríen después de cocidos con cebolla y tomate o ajo y perejil en manteca o aceite.

FRIJOLES REHOGADOS

En una olla se hace sofreír cebolla cortada finamente, un ramito de hierbas finas, una hoja de laurel, tomillo, menta y canela en rama. Se echan en el sofrito los frijoles con el agua en que se han ablandado y se cuecen bien tapados a fuego lento. Juntas se hierven las croquetas que se confeccionarán con cebolla, huevo y galleta molida. Se quitan las hierbas y se sirve con una salsa trufada, liada o no con yemas de huevo.

FRIJOLES SAVOURY

Se lleva al horno una mezcla de frijoles cocidos, tapioca ablandada en agua y escurrida con un lienzo y cebolla, tomillo, salsa blanca y miga de pan, perejil y queso rallado encima.

GARBANZOS

GARBANZOS APLASTADOS

Se hace un sofrito de cebolla y tomate y en él se echan después los garbanzos hervidos y aplastados. Se hace una torta que se dora por ambos lados con manteca o aceite. Pueden servirse con una salsa mayonesa.

GARBANZOS CON SALSA DE AVELLANAS

Se mezcla y hierve en el caldo de los garbanzos una salsa de avellanas y piñones, tres dientes de ajo y una yema de huevo duro, todo bien machacado.

GUISANTES

(CHICHAROS)

GUISANTES A LA JARDINERA

Se hierven los guisantes con zanahorias, cebollitas, patatas pequeñas, habas tiernas y nabos. Se escurre todo. Se pone a cocer en manteca, harina sin dorarla, se añade leche y luego se echan las verduras con un poco de sal y pimienta, dejándolo espesar un poco.

GUISANTES EN PURE

Se preparan como el puré de frijoles y pueden servirse con patatas.

GUISANTES TIERNOS

Se rehogan a fuego lento con agua que los cubra y en cazuela tapada, guisantes verdes con cebollitas, aceite, tomillo y hierbas de olor, azúcar y manteca.

HABAS

HABAS A LA ANDALUZA

Se cuecen bien las habas y luego se escurren; se ponen en una cacerola y se les echa aceite con ajos fritos; se hace una salsa con nueces, pan tostado mojado con agua y vinagre, pimienta y huevos correspondiente a la salsa, la que se disolverá con agua sazonada, echándola sobre las habas y que luego tendrán que dar un hervor.

HABAS A LA JARDINERA

Se procede igualmente que en la fórmula para los **guisantes a la jardinera**.

HABAS A LA MACEDONIA

Póngase en una cacerola perejil, cebollas, ajos, todo muy bien picado, con un pedazo de manteca y pásese por el fuego con un poquito de harina, humedeciéndolo todo con caldo y vino blanco; se deja cocer lentamente; se le agregan luego fondos de alcachofas, cocidos de antemano, se sazona todo con pimienta y sal, se quita el perejil y se sirve con una salsa ligera.

HABAS A LA POULETTE

Se eligen habas tiernas y después de despuntarlas se cuecen en agua con sal. Se dejan escurrir unos minutos y en una cacerola se pone un pedazo de manteca con dos cucharadas de harina, sal, pimienta, nuez moscada y un poco de azúcar; se echan dentro las habas humedeciéndolas con agua y cuando principien a hervir se añade un batido de dos yemas de huevo y se sirven.

HABAS CON MAYONESA

Se hierven habas tiernas y se sirven con la salsa antedicha.

HABAS CON TOMATE

Bien limpias se les da un hervor para quitarles la piel y se echan en un sofrito de tomates, cebollas, perejil picado y canela. Se les adiciona un poco de agua. Se sirven con huevos fritos.

HABAS CON VAINA

Se hierven, se pasan por la harina y se fríen. Más bien que como plato especial, sirven para acompañar otros fritos o salsas. Se comen con patatas.

LENTEJAS

LENTEJAS A LA VINAGRETA

Después de remojarlas se hacen cocer en agua hirviendo con sal; se escurren y se dejan enfriar. Luego se sazonan con vinagre, aceite, sal, pimienta y perejil picado con bastante ajo finamente picado.

LENTEJAS EN PURE

Se hacen cocer las lentejas en agua con sal y se les agregan cebolla, zanahorias y un ramillete de verduras surtidas. Una vez todo cocido se pasa por el cedazo y se fríe este puré en bastante mantequilla. Se sirven con tostones de pan frito.

LENTEJAS ROSAS

Las lentejas se dejan remojando desde el día anterior, se lavan y se cuecen hasta que estén blandas. Se lavan en dos aguas. Con manteca, harina y ajo se prepara una salsa, se le agrega caldo y allí se echan las lentejas. Se pica media cabeza de cebolla con perejil, sal y ajos; se les agregan a las lentejas y se dejan hervir a fuego lento por espacio de media hora; en seguida se les pone queso rallado, yemas de huevo y al mandarlo a la mesa se adorna con la fuente con huevos duros picados. Se pone encima mantequilla derretida.

PATATAS

PATATAS A LA BARIGOLE

Háganse medio cocer alcachofas, cuyas hojas se habrán quitado de antemano. Pélense las patatas crudas y pónganse a cocer con caldo, al que se añadirá algunas cucharadas de aceite; agréguense entonces los corazones de las alcachofas, cebolla, perejil, laurel, tomillo, sal y pimienta y cuando el caldo haya desaparecido totalmente, caliéntese un poco el aceite hasta que tome color. Se sirve con salsa vinagreta.

PATATAS A LA INGLESA

Lavadas, limpias y cocidas en agua y sal, se pondrá a calentar en una cacerola un buen trozo de manteca y después de cortadas en rebanadas se echarán las patatas dentro, sazonándolas con sal, pimienta y nuez moscada molida. Se harán saltear sin dejar que se derrita enteramente la manteca y se servirán en un plato que esté bien caliente.

PATATAS A LA MAITRE D'HOTEL

Se cuecen las patatas en agua y sal, luego se cortan en rebanadas echándolas en seguida en una cacerola con manteca, perejil, cebolla picada, sal, pimienta y un poco de vinagre; se vuelven a calentar y se sirven. Puede ponerse aceite en lugar de manteca y si son pequeñas no será necesario partirlas.

PATATAS A LA PROVENZAL

Póngase en una cacerola un pedazo grande de manteca o seis cucharadas de aceite con la corteza de medio limón, perejil, ajos y cebolla picados, nuez moscada, pimienta y sal. Después de haber pelado las patatas se hacen trozos, si son muy grandes; se cuecen en este condimento, rociándolas con bastante jugo de limón al servirlas.

PATATAS AL LIMON

A medio cocer las patatas se rehogan en una salsa frita bien trabada de aceite, cebolla, sal, azúcar, harina y bastante jugo de limón.

PATATAS AL RESCOLDO

Se cuecen las patatas sin mondar al horno en seco o bajo ceniza ardiente. Comidas con manteca de nueces son excelentes.

PATATAS ASADAS

Se pelan, se cortan y en un plato al gratín con miga de pan y manteca se asan al horno o recubiertas con una salsa rubia hecha de harina algo tostada, cebolla, perejil, zanahoria y jugo de limón.

PATATAS CON LECHE

Se pueden cocer a fuego lento con leche sola o terciada de agua. Se sazonan los trozos con sal y perejil o nuez moscada y se añade manteca y harina desleída y jugo de limón, o bien en vez de esta salsa se sirven con yema de huevo disuelta.

PATATAS CON NATA

Se echan en una cacerola un buen trozo de manteca, una cucharada de harina, pimienta, sal y un poco de nuez moscada en polvo, perejil picado y cebolla. Se mezcla todo añadiendo un buen vaso de nata, se pone al fuego dándole vueltas hasta que hierva. Se tendrán ya cocidas las patatas, que se incorporarán a este condimento, sirviéndolas muy calientes.

PATATAS CON PIEL

En esta forma, las patatas son más nutritivas y sabrosas. Se cuecen al vapor o en poca agua, que llegue a secarse al final de la cocción. Pueden servirse en ensalada aliñadas con aceite, sal, jugo de limón, perejil y huevo duro picado.

PATATAS CON PUERROS

Patatas y puerros se cuecen juntos en poca agua y sal y se acaban de rehogar en una salsa blanca.

PATATAS EN CONFITURA

Cocidas previamente al vapor se hacen rodajas que se rehogarán un buen rato en manteca o aceite, canela y azúcar en polvo.

PATATAS EN PURE

El puré de patatas se deslíe en leche y se gratina al horno con pimentón.

PATATAS FRITAS CON SALSA DE TOMATE

Bien cortaditas las patatas se fríen en aceite con salsa de tomate.

PATATAS PERUANAS

Se hierven las patatas sin mondar, se majan calientes en el molcajete y por cada medio kilo de ellas se añaden dos huevos, amasándolo bien. En una sartén se prepara un sofrito con manteca, cebolla, tomate y setas picadas. Sobre una cucharada de la pasta de patata se deposita una del sofrito y ésta se recubre con otra de la pasta de patatas; se redondea el conjunto dándole forma de croquetas planas y se fríen pasándolas por la harina. Se sirven con salsa de tomate.

PATATAS PRIMAVERALES

Se ponen a cocer en agua patatas y zanahorias nuevas con ejotes. Se retiran del agua y se escurren para después ponerlas en una cacerola con un poco de manteca y un vaso de crema. Se revuelve suavemente y se sirve caliente.

PATATAS REHOGADAS

Se escogen patatas pequeñas y sin mondarlas se cuecen en sartén o cacerola de barro con aceite o manteca y sal, bajo un trapo de hilo grueso mojado y en varios dobleces, a fuego lento.

PATATAS RELLENAS

Se vacían las patatas y se rellenan con almendra, huevo duro, ajo y perejil y se fríen pasadas por la harina o miga de pan y la clara. Se echan en una salsa hirviendo de aceite, manteca, agua, un sofrito de cebolla, tomates, setas o trufas picadas, ajo, perejil, harina y aun puede añadirse azafrán y picadillo de almendras.

PATATAS SORPRESA

En un puré de patatas confeccionado con manteca y nata se mezclan bien picados acederas, perejil y limón. Se forman cruces con esta pasta sobre una fuente y en cada una se echa un huevo entero. Se cubre el puré y los huevos con queso de gruyere rallado y pedazos de manteca dulce. Se mete al horno.

PATATAS SOUFLES

Las patatas se pelan y se cortan a lo largo de medio centímetro de grosor y se fríen en aceite o manteca tibios. Cuando están a medio cocer se separan del aceite que se deja hervir y frías se las echa de nuevo, agitándolas y retirándolas al momento ya hinchadas. Pueden freírse con ajo y perejil picados finamente.

ROSCA DE PLATANO MACHO Y PAPA

Plátanos machos 3, papas amarillas 6, huevos 4, margarina 150 gramos, pan molido 125 gramos, sal y pimienta al gusto.

Los plátanos y las papas se cuecen, la margarina se bate y a ella se agrega lo anterior. En seguida se añaden las yemas y las claras batidas a punto de turrón, se sazona con un poco de sal y pimienta. En un molde de rosca previamente engrasado con margarina, se vacía lo anterior y se le pone encima el polvo de pan y trocitos de margarina. Se mete al horno suave hasta que esté cocido (250 grados).

SETAS

SETAS A LA MANTECA

Se lavan y limpian bien las setas, se hierven en agua con sal y cebolla y se saltean con manteca.

SETAS DE APIO

Se rehogan ambos aparte y se juntan al saltearlos con manteca.

SETAS CON CORONA

Limpias, hervidas y escurridas las setas se les corta el rabo y sobre la porción truncada se extiende formando preeminencia el relleno, que consiste en una salsa muy espesa de manteca, trufas, queso, leche y harina enfriada después de hervir diez minutos, y se introducen las setas así preparadas al horno con manteca y espolvoreadas con huevo duro, perejil y cebolla.

SETAS EN SALSA

Se acaban de rehogar después de hervidas en agua, manteca, sal, jugo de limón, leche o simplemente con salsa blanca y jugo de limón con salsa de cebolla y tomate. Se comen con patatas, arroz, etc.

TOMATES

TOMATES A LA CAMPESINA

En una sartén se fríen en color un poco de tomates, cebollas y patatas, se les agrega un poco de leche y se revuelve todo bien, deshaciendo algunas patatas.

TOMATES A LA INGLESA

Se cortan los tomates en lonjas y se tienen durante una hora en una cazuela al horno con cebollas cocidas, rebanadas de pan con manteca y queso rallado.

TOMATES A LA PERUANA

Se fríe en aceite una cebolla y se sazona. Cuando esto esté frito se le agregan cuatro tomates grandes pasados por tamiz. Se le añaden una taza de queso parmesano, media taza de pan rallado, una yema de huevo y un pedazo grande de mantequilla. Hecha esta salsa se pone sobre patatas cocidas y huevos duros.

TOMATES A LA RUSA

Se vacían los tomates maduros, se salan y rellenan con la mezcla siguiente: guisantes, puntas de espárragos, zanahorias, ejotes, todo bien cocido y aromatizado con hierbas. Con el jugo de estas verduras se acompañan los tomates al horno.

TOMATES AL GRATIN

Se vacían, se salan y se rellenan con la mezcla siguiente: miga de pan rallado, cebollas, setas y ajo, todo muy finamente picado. Se rocían de aceite y en una fuente o cacerola plana, con la que se sirven, se introducen al horno.

TOMATES CON PURE DE MANZANAS

Se cuecen algunos tomates al horno con aceite, ralladuras de pan, ajo y perejil picados y se sirven con puré de manzanas que se prepara cociéndolas al rescoldo, mondándolas y machacándolas después con azúcar, limón o vainilla y algo de leche y harina.

TOMATES CON TOSTADAS

Se cuecen los tomates, se cuelan y en el jugo se deslíe la harina con un poco de agua fría salada. Se acaba de rehogar el jugo con leche y esta salsa se vierte sobre rebanadas de pan tostado, ablandadas con leche y espolvoreadas con azúcar.

TOMATES EN PURE

Se cortan los tomates en pedazos, se sacan las pepitas, se colocan en una cacerola con cebolla, zanahorias cortadas en redondelas y apio, haciéndolo cocer a fuego lento. Una vez que los tomates están casi deshechos se remojan con un poco de caldo, se dejan un momento reposar y luego se pasa todo por el tamiz. Para espesar un poco se le puede agregar una cucharadita de fécula.

TOMATES RELLENOS

Se les hace en la parte superior una incisión y sin lastimarlos se vaciarán pasando la sustancia por un tamiz y en seguida se reducirá para que quede un poco espesa. Se ponen en una cacerola aceite, perejil y ajos picados, se fríen unos momentos y después se agrega miga de pan empapada de caldo, pimienta, sal, nuez moscada y yemas de huevo. Luego que todo esté bien mezclado y frío se rellenarán los tomates, se espolvorearán con pan rallado y puestos en una cacerola rociados con manteca derretida, se cocerán lentamente.

ZANAHORIAS

ZANAHORIAS A LA MAITRE D'HOTEL

Se hacen trocitos como taponcitos de botellas y se cuecen en agua con sal y manteca. Se pone en una cacerola un trozo de manteca, perejil y cebolla picada, sal, pimienta en grano y se echan las zanahorias muy escurridas.

ZANAHORIAS A LOS ESPARRAGOS

Se acaban de rehogar las zanahorias con los espárragos y una salsa liada con harina y manteca. Se sirven con patatas.

ZANAHORIAS A LOS MACARRONES

Se cuecen aparte las zanahorias y los macarrones y se rehogan después juntos con manteca.

ZANAHORIAS AL HORNO

Se ponen las zanahorias al horno suave en una asadera con aceite, sal y poco de clavo molido. Se sirven con pan frito, trozos de huevo duro y perejil o patatas.

ZANAHORIAS CON ESPINACAS

Se cuecen las zanahorias, se cortan y se ponen en una cacerola con cebolla frita y sal, cubriéndolas de agua caliente y añadiendo harina frita y azúcar, procurando que hiervan y agregando las espinacas, que se tendrán sofritas con piñones y manzanas, que se azucararán si son agrias.

ZANAHORIAS EN SALSA BLANCA

Se pelan y se lavan bien. Luego se ponen a cocer en agua salada y a medio cocer se retiran, se escurren y se colocan en una budinera donde se esparce la salsa blanca. Si se quiere pueden ponerse al horno.

ZANAHORIAS ESTOFADAS

Se escogen zanahorias tiernas y se rehogan con tomate, cebollas, aceite, sal, orégano, laurel y hongos. Se sirven en el plato dos zanahorias, una cebolla, unas cuantas aceitunas y una cucharada de puré de patatas que se habrá liado con manteca y yema de huevo.

ZANAHORIAS GUISADAS

Se pasan por agua hirviendo después de bien lavadas y raspadas; se hacen tiritas y se fríen en manteca en una cacerola con pimienta, sal y perejil picado; se cuecen humedeciéndolas con leche y cuando están a punto se les esparce una yema de huevo.

ARROCES Y MACARRONES

ARROZ A LA AMERICANA

Se prepara un caldo hirviendo: tomillo, cebolla, limón, canela y sal; se cuela y se mezcla con una parte de leche. Con esta mezcla se cuece el arroz procurando que se enjugue bien; se adorna con guisantes hervidos y polvo de canela y se sirve con un huevo frito.

ARROZ A LA CARNE VEGETAL

Se hace un sofrito con cebolla, tomate y pedazos de carne vegetal, tales como protasa, fibrosa, etc., en manteca de coco. Se tienen cocidos guisantes y zanahorias cortadas en trocitos y se echan junto con el agua hirviendo de los mismos en el arroz para que se cueza.

ARROZ A LA CATALANA

Se fríen alcachofas en aceite y se agregan dos puñados de hongos (reblandecidos, si están secos, en agua con una hoja de laurel, o rehogados a pedazos con manteca y con cebolla si son tiernos), tres almendras; ajo y perejil picaditos. Se cuece a fuego lento y se vierte encima una copa de zumo de uva junto con el arroz que se agita continuamente, echándole poco a poco el agua caliente necesaria.

ARROZ A LA COLIFLOR

Se acaba de cocer el arroz en el agua en que se ha rehogado la coliflor, la cual se añadirá al arroz al momento de servir, después de saltearla en manteca.

También puede hacerse este arroz con bróculi, apio, col, zanahorias, etcétera.

ARROZ A LA CHILENA

En un sofrito de cebolla, zanahoria, perejil, pimiento y un clavo de especia se echarán, al tomar color, tres cucharones de agua hirviendo y dos hebritas de azafrán, continuando la ebullición durante una hora. Se cuela el caldo y en él se cocerá bien y lentamente el arroz con media cucharada de manteca, dejándolo algo espeso.

ARROZ A LA ITALIANA

Se echa el arroz, cocido de antemano, en un sofrito de tomate y cebolla que se acaba de dorar, con bastante queso parmesano bien revuelto y sazonado con pimienta en polvo y nuez moscada.

ARROZ A LA MILANESA

Se dora el arroz en manteca y cebolla picada, se echa en el sofrito un poco de agua caliente y se le condimenta con manteca y ralladuras de queso, retirándolo del fuego cuando esté en su punto.

ARROZ A LA VALENCIANA

En una cazuela capaz para cinco litros se hacen sofreír con 100 gramos de aceite fino una cebolla, dos ajos, perejil y tomates. Cuando todo está bien sofrito se echa el arroz (kilo y medio) y se dora. En una olla aparte habrán hervido en cinco litros de agua 100 gramos de guisantes tiernos, 100 gramos de judías tiernas y pedazos de patatas u otras hortalizas, como coliflor, acelgas, etc. Se echa esto a medio cocer e hirviendo el arroz, que seguirá cociendo a fuego vivo durante diez minutos; al sacarlo del fuego se mezcla con 100 gramos de manteca de vaca, o mejor de nueces. Se revuelve bien y puede servirse con lonjitas de pimiento encarnado, o berenjenas cocidas al rescoldo.

ARROZ AL GRATIN

Se cuece el arroz y bien colado se mete al horno en una fuente engrasada, con la siguiente salsa espolvoreada con pan rallado: Para medio kilo de arroz un cuarto de piñones lavados y reblandecidos durante algunas horas en agua tibia, cocidos una hora en la misma agua y majados en el molcajete. Se sirve con una salsa de crema de arroz, leche y un poco de azafrán.

ARROZ AL HORNO

Para seis personas: Se cuecen 200 gramos de garbanzos, previamente remojados desde la víspera; cuando los garbanzos están en su punto, se echa el arroz (200 gramos) y un sofrito, hecho aparte, de ajo, pimentón, canela, tomate y queso rallado, dejando que acabe todo de cocerse a fuego lento. Después se gratina al horno y se adorna con rajitas de pimiento rojo cocido al rescoldo.

ARROZ CON CALABAZA

Se hace igual que el **arroz a la americana,** acabándolo de rehogar con pedazos de calabaza rehogada aparte con manteca y una hoja de laurel.

ARROZ CON COLES DE BRUSELAS

Medio kilo de coles de Bruselas, 4 cebollas medianas y 250 gramos de arroz. Se rehogan las coles con cebollas y aparte el arroz lavado. Se juntan antes de estar ambos bien cocidos y se les añade manteca frita y jugo de limón para suplir la sal.

ARROZ CON ESPINACAS

Se hierven las espinacas y el arroz aparte. Se mezclan en un plato, cubriendo ésta de miga de pan y manteca de vaca o de nueces. Se mete a cocer en el horno.

ARROZ CON FONDOS DE ALCACHOFA

Se cuecen junto con el arroz, además de cebollas, perejil, guisantes, etc., durante unos diez minutos a fuego vivo; revuélvase todo muy bien y déjese cocer lentamente hasta que esté en su punto.

ARROZ CON FRUTAS

Las frutas, cerezas, uvas, manzanas, ciruelas, etc., pueden ser frescas o bien en compota o jalea.
Se cuece primero el arroz con agua y si la fruta es fresca se cocerá con azúcar en proporción. Cuando el arroz está en su punto se añade la fruta y se revuelve continuamente.

ARROZ CON GUISANTES

Se cuece el arroz en el agua en que han hervido los guisantes. Luego se añaden estos, así como un poco de manteca. Se sirve espolvoreado con queso y acompañado de salsa de tomate.

ARROZ CON HUEVOS

Se cuece el arroz, se cuela y se sirve en una salsa que se prepara con un sofrito de ajo y perejil picados y manteca, sacada un momento del fuego para añadirle huevos batidos. Se vuelve a poner en el fuego y se va removiendo hasta obtener una crema. Se coloca esta salsa en capas, alternando con las de arroz, en una fuente engrasada y puesta al horno.

ARROZ CON LECHE

Se rehoga el arroz en agua caliente. Cuando empieza a hincharse se le añade leche mezclada con agua y azúcar; se prosigue la cocción, procurando que el grano quede entero. El agua mezclada a la leche la hace más digerible. Es útil tostar previamente el arroz crudo al fuego vivo en sartén untada con manteca. El arroz, como los demás cereales (sémola de avena, trigo, etc.) así tratados, resultan más digeribles por desembarazarse del almidón.

ARROZ CON LECHE A LA ESPAÑOLA

Se hace como el anterior, rehogándolo durante un par de horas a fuego suave con leche sola y un trocito de vainilla. Luego se mete al horno y se sirve espolvoreándolo con canela o con salsa de chocolate.

ARROZ CON LECHE Y HUEVO

Igual que los anteriores, solamente que antes de meterse al horno se le incorporan una o varias yemas de huevo batidas, revolviéndolo todo bien y añadiendo después otras tantas claras a punto de merengue. Se dora al horno por encima y por debajo cubriendo la tapadera con ascuas.

ARROZ CON LEGUMBRES

Se necesitan un cuarto de kilo de habas, un cuarto de kilo de garbanzos, unas puntas de espárragos, una cebolla, unos dientes de ajo, un tomate, una tacita de aceite, una taza de arroz, un poco de azafrán y sal.

Se fríen la cebolla y los ajos; luego se echan las legumbres limpias y cortadas en trocitos, y por último el tomate. Se revuelve todo y se echa el arroz, añadiendo dos tazas de agua caliente o caldo de verduras; finalmente se ponen los condimentos y se deja cocer a fuego lento durante unos veinte minutos.

ARROZ CON MANZANAS

Se cuece el arroz con leche y pasas de Corinto; se cortan varias manzanas en rodajas. En una fuente se dispone una capa de arroz y otra de manzanas; se azucara. Otra capa de arroz y otra de manzanas también con azúcar; se pone un poco de mantequilla y se mete al horno.

ARROZ CON SALSA A LA MAYONESA

Cuando se tiene el arroz cocido en agua con un poco de sal, se cuela y se sirve con una mayonesa clara, en la que se revuelve bien.

ARROZ ESTRATIFICADO

Se rehogan en cazuela de barro, con manteca vegetal o aceite fino, varias verduras trinchadas. Se cuece el arroz y en una fuente o molde untado se alterna una capa de arroz y otra de fritura, y así sucesivamente. Se recubre con ralladura de pan tostado y se gratina al horno.

ARROZ PERLADO

En una sartén con aceite o manteca se pone el arroz, añadiendo leche (dos tazas por cada una de arroz) y un poco de azúcar. Luego se mete al horno vivo hasta dejarlo secar.

Se puede servir con tomates hervidos y rehogados después con manteca, o cualquier otra verdura preparada igualmente.

ARROZ TOSTADO

En el sofrito acostumbrado de ajo, perejil, cebolla, etc., se echan 500 gramos de arroz y un poco de sal, dejándolo al fuego durante quince minutos sin dejar de remover continuamente. Se pasa luego el arroz a una olla y se cubre con agua caliente, se le echan cuatro huevos batidos y 200 gramos de manteca, poniéndolo al fuego vivo hasta que seque.

MACARRONES

MACARRONES AL NATURAL

Se hierven con agua y un poco de sal y se sirven con salsa de tomate o una bechamel de harina, manteca, leche y nuez moscada con perejil bien picadito y si se quiere huevo duro cortado. Los macarrones cubiertos con esta bechamel se espolvorean con queso rallado y se gratinan al horno.

MACARRONES A LA ITALIANA

Bien cocidos y escurridos se fríen con manteca de vaca o de nueces y al servirlos se les pone queso rallado o puré de tomate.

MACARRONES A LA MILANESA

No muy conocidos, se pican los macarrones y se entremezclan con pan rallado y cebolla y tomate picados y pasados por el tamiz. Se lía la pasta con uno o dos huevos, se divide formando pequeñas chuletas, que se fríen pasadas por harina en aceite fino o manteca de coco.

MACARRONES A LA ROMANA

En una fuente honda se van poniendo varias capas de macarrones cocidos, espolvoreando cada una de ellas con galleta, avellanas y perejil bien picadito. En el molcajete se macerarán con agua caliente algunas pasas y avellanas con un poco de azúcar y jugo de limón. Se cuela en una cacerola donde se habrá dorado harina y se pone unos diez minutos al fuego con jugo de espinacas o de otra verdura, en cantidad suficiente para ligarlo bien. Con esta salsa se impregnan los macarrones, que se introducen al horno, cuidando de que no se resequen.

MACARRONES CON CALABACINES

Bien limpios los calabacines se cortan en rebanadas y se rehogan. Luego se escurren. Se ponen de nuevo en la sartén junto con manteca, perejil picado, unos dientes de ajo y los macarrones previamente cocidos. También pueden añadirse zanahorias preparadas igual que los calabacines, o tiras de tomate frito y huevos batidos, dejándolo cocer a fuego lento con ascuas encima de la tapadera.

MACARRONES CON LECHE

Cortados los macarrones a pedazos se hierven en agua sazonada con sal, cebolla, clavo de especia, etc. Se escurren y se rocían con agua fría para que no se peguen. Se ponen de nuevo en la cacerola a cocer con leche, huevo batido y sal.

NOUILLES CON MANZANAS O PASAS

Ya preparadas las nouilles como se acostumbra, se cuecen en agua y leche y se ponen en una fuente engrasada, poniendo una capa de nouilles y otra de manzanas cortadas en trocitos, y así sucesivamente. Encima se pone pan tostado y manteca de nueces. Se mete la fuente al horno y se dejan cocer.

En vez de manzanas pueden ponerse pasas cocidas.

PUDDIN DE MACARRONES

Se parten los macarrones y se cuecen en agua, manteca, azúcar y ralladuras de limón. Se les adiciona en frío almendras picadas y dos yemas de huevo, así como las claras bien batidas. Se ponen en un molde engrasado y se espolvorean con pan rallado. Se meten al horno.

Puede añadírseles champiñones salteados en manteca o salsa de tomate, acompañados con una salsa de jugo de frutas.

CROQUETAS

CROQUETAS DE ALCACHOFA

Los pedazos tiernos y cocidos de la alcachofa se amasan con una bechamel espesa y se hacen, con la pasta de freír, croquetas como de costumbre. Se sirven con patatas fritas.

CROQUETAS DE ARROZ

Se cuecen 125 gramos de arroz en medio litro de leche y cuando está cocido y frío se añade una cucharada de harina de arroz desleída en leche fría, manteca a voluntad, tres cucharadas de azúcar, un poco de vainilla o canela, corteza de limón y tres o cuatro huevos con clara o sin ella. Se da a los pedazos de pasta la forma de croquetas y se fríen en sartén o se gratinan al horno con manteca vegetal, después de pasarlas por la clara o el huevo batido y el pan rallado o la harina. Se azucaran al servir.

CROQUETAS DE BERENJENAS

Se sofríe cebolla en manteca o aceite, se le echa después la berenjena pelada y picada y una salsa de avellanas o almendras y harina desleída; cuando está dorada se añade leche removiendo hasta que espese, y de la pasta se hacen las croquetas.

CROQUETAS DE ESPINACAS

Se amasan las espinacas cocidas al vapor con harina y huevos batidos, pasándolas por la misma harina, maicena o pan rallado, y se fríen en aceite.

CROQUETAS DE GARBANZOS

Primero se hacen hervir los garbanzos y cuando están bien blandos se majan en el molcajete con dos cucharadas de harina; a esta pasta se añaden dos yemas de huevo y las claras batidas aparte. Luego se hacen las croquetas y se fríen, azucarándolas al servirlas.

CROQUETAS DE LENTEJAS

Las lentejas, previamente convertidas en puré, se majan con ajos, cebolla, perejil picado y huevos duros también finamente picados. Se hacen las croquetas y se sirven. Pueden hacerse igualmente con judías, guisantes, habas, etc.

CROQUETAS DE MANZANA

Se hace una pasta con mermelada espesa de manzanas, azúcar, limón y yemas de huevo; se tiene al fuego sin dejarlo hervir y se hacen las croquetas que, previamente pasadas por harina, se fríen y se azucaran.

CROQUETAS DE PAN

Simplemente se hace la pasta con pan, leche, yemas y pasa. Se confeccionan las croquetas, se pasan por huevo batido y se sirven.

CROQUETAS DE PATATAS

Se hace un puré bien espeso con las patatas hervidas al vapor, al que se le incorporan queso y pan rallado. Hechas las croquetas se le pone a cada una de ellas un trocito de coliflor y se fríen.

CROQUETAS DE PLATANO

Se pelan y se cortan los plátanos en rodajas, las cuales se ponen en una vasija que contenga jugo de naranja. Cuando estén bien impregnadas de jugo se convierten en puré, se hacen las croquetas y se pasan por huevo batido y ralladuras de bizcocho. Se fríen como de costumbre.

CROQUETAS DE SEMOLA

Se confeccionan igual que las croquetas de arroz, sustituyendo solamente el arroz por doble cantidad de sémola.

CROQUETAS DE SEMOLA CON CASTAÑAS

Se hacen lo mismo que las anteriores, añadiendo a la sémola un puré de castañas.

HUEVOS Y TORTILLAS

HUEVOS A LA CASCARA

Basta tenerlos tres minutos en agua hirviendo.

HUEVOS A LA CREMA

Se sacan de la cáscara y se doran al horno con una salsa encima de manteca, harina, yema de huevo, leche y cebolla sofrita en la salsa como una crema clara. En vez de sal puede usarse el azúcar o bien espolvorear de queso rallado y pimienta.

HUEVOS A LA JARDINERA

Se parten en pedazos varios huevos cocidos y se colocan en el centro de una fuente rodeados de varias legumbres tiernas por grupos: habas, guisantes, zanahorias, patatas, coles de Bruselas y judías verdes. Se adereza con una salsa a la mayonesa.

HUEVOS CON SALSA DE GUISANTES

Se rehogan huevos duros partidos en un sofrito de ajo, perejil, harina, piñones picados, un poco de canela y de agua con los guisantes ya hervidos.

HUEVOS CRUDOS AL JUGO DE FRUTAS

Se bate la clara con un poco de azúcar, se le mezcla la yema con dos cucharadas de agua y una de jugo de fruta (limón, uva, naranja, etc.). Platillo indicado para la dispepsia dolorosa.

HUEVOS DE CONVITE

Se rompen vaciándolos con cuidado en agua hirviendo hasta que cuajen las claras. Luego se meten al horno en una fuente refractaria en la que se habrá puesto manteca, puré de patatas, guisantes hervidos, queso rallado y tomates gratinados.

HUEVOS DUROS

Después de tenerlos durante cuatro minutos en agua hirviendo, se mantienen en el agua, separada del fuego, unos ocho minutos más.

HUEVOS EN CALDO

Se baten en caldo de verduras o bien en leche caliente con azúcar.

HUEVOS EN ROLLO

Se hacen como los huevos poché (véanse **Huevos poché**), se pasan por la harina, se arrollan con cuidado y se fríen.

HUEVOS FRITOS

Como los **Huevos poché**, sustituyendo el agua por aceite o manteca. Pueden servirse con patatas, calabacines, berenjenas, etc., fritos o con tostones de pan empapado de leche, frito y revuelto todo junto.

HUEVOS PARA ENFERMOS

Se baten bien y se calientan al vapor o en baño de maría durante unos dos minutos. Se sirven con poca sal.

HUEVOS POCHE

Los huevos poché (estrellados) o en copo, se preparan de la siguiente manera: Se rompen vaciándolos con mucho cuidado en agua hirviendo hasta que cuajen las claras. Se sirven con pasta de espinacas o de otra verdura.

HUEVOS RELLENOS

Se descascarillan y colocan a lo largo huevos duros; se vacían de las yemas y el hueco que dejan se rellena de una pasta hecha con las mismas yemas, perejil, sal, miga de pan tostado, cebolla cocida, hierbas finas, picadillo de almendras y de pasas. Se rebozan y se fríen como las croquetas y se sirven con una salsa perlada de tomates.

HUEVOS REVUELTOS CON HIERBAS FINAS

Se revuelven los huevos con una salsa de manteca, leche, sal, hierbas juliana, cebolla y pimienta en polvo. Se sirven con tostones de pan frito.

HUEVOS VERACRUZANOS

Huevos 6, tortillitas 6, cebolla picada 1 cucharada, aguacate 1 grande, jitomate 1, sal al gusto.

Las tortillitas se pellizcan en la orilla y se rellenan con el guacamole, que se prepara, pelando el aguacate, retirándole el hueso, picándole un poco de cebolla y de chile serrano. Encima se le pone un huevo frito y se les cubre con la salsa, que se prepara con el jitomate asado, pelado y molido en aceite, con un poco de cebolla y sazonado con sal.

TORTILLAS

TORTILLA A LA JALEA

Se baten los huevos con azúcar, se hace una tortilla bien delgada y se dobla, intercalando en el doblez confitura, jalea o mermelada de cualquier fruta.

TORTILLA A LA SUIZA

Se confeccionarán con harina, leche y huevo batido. Se cuece al horno con manteca.

TORTILLA AL AJO Y PEREJIL

En un sofrito de ajo y perejil se echan los huevos batidos con sal y se cuecen formando una torta, la cual deberá estar bien cocida por ambos lados.

TORTILLA AL CHOCOLATE

Se mezcla el chocolate deshecho en leche a las yemas batidas, se añaden las claras montadas en azúcar, limón y canela. Se mete al horno.

TORTILLA AL ROMESCO

Se corta en varios trozos una tortilla bien cocida hecha con patatas o mejor judías y se echa, tapando bien, en una salsa hirviendo que se prepara con un sofrito de cebolla, tomate, laurel, canela y un picadillo de almendras, nueces, avellanas, ajos fritos, harina y agua. Deberá cocer durante unos veinte minutos, hasta que la salsa quede bien espesa.

TORTILLA COMPUESTA

Se hacen dos tortillas, una con las claras batidas y un sofrito de patata, berenjena y aceitunas deshuesadas, y otra con las yemas, tomillo, perejil y nuez moscada, y se pegan ambas con una crema, que puede ser de espárragos.

TORTILLA DE ACELGAS

Esta tortilla puede hacerse también con espinacas, lechuga, coliflor, bróculi, zanahorias, cebollas, hierbas finas, puntas de espárragos, puerros, habas tiernas, hongos, alcachofas, castañas, tomates, judías, garbanzos, puré de patatas cortadas, berenjenas, pimientos asados, etc.

En un sofrito de ajo, perejil y aceite se echan los huevos batidos con sal y se cuecen formando una torta, que ha de quedar bien cocida por ambos lados. Pero antes se habrá añadido la verdura que se desee, previamente cocida y finamente picada.

TORTILLA DE ARROZ

Se baten los huevos con azúcar y se fríen con arroz, previamente cocido en agua o leche a la vainilla.

TORTILLA DE FRUTAS

Se hace lo mismo que la anterior, sustituyendo el arroz por gajos de naranja, manzana, etc., bien impregnados de azúcar.

TORTILLA DE PAN

Se mojan perejil, ajos y almendra y con pan rallado frito en manteca y los huevos batidos se hace la tortilla.

TORTILLA ESPONJOSA

Se baten las yemas con azúcar, limón, canela y naranja; luego se baten las claras por separado, se mezclan y se pueden echar en un sofrito de hierbas finas.

TORTILLA SORPRESA

En aceite muy caliente se echan los huevos batidos y cuando empiezan a cuajar se les empotran, arrollados en espiral, macarrones gruesos cocidos en agua y manteca, rellenos, por medio de un embudo, de una pasta de espinacas fritas en manteca y huevo batido.

ENSALADAS

ENSALADAS AL AJO

Se cortan a pedazos lechugas o escarolas tiernas y se espolvorean con un picadillo de ajo y perejil. Se adereza con sal y aceite.

ENSALADA A LA CAPUCHINA

Se compone de lechuga y escarola remojadas, aceitunas, rábanos, cebolla, tiras de pimiento y se sazona con sal, aceite y pimienta negra en polvo.

ENSALADA A LA NUEZ Y AL QUESO

Se rallan zanahorias, manzanas, nuez y queso y se les añade alguna hoja de lechuga, zumo de limón y azúcar.

ENSALADA BISTEC VEGETAL

Se rallan remolachas, rábano negro y zanahoria y se mezcla esta papilla con zumo de limón y de fresa. Se coloca esto en un plato y acompañado de manzana cortada se come con pan integral.

ENSALADA BOHEMIA

Se compone de tomates, manzanas, calabacines finamente picados; se mezcla todo bien, se les sazona con zumo de cualquier fruta y se rocía con miel.

ENSALADA CAMPESINA

Se cortan pimientos a rajas, se parten varios tomates y cebollas y se sirven solos y con aceitunas y hojas de lechuga, aderezado todo con sal y aceite.

ENSALADA COMPOTA

Nabos y remolacha se rallan y se mezclan con zumo de limón y compota de fresas.

ENSALADA CONVENTUAL

Se cepillan finamente repollos y manzanas y se aliñan con zumo de limón, aceite y azúcar.

ENSALADA DE ALCACHOFAS

Se escogen las alcachofas tiernas y se les quitan las hojas duras. Se aderezan con sal, aceite, zumo de limón y un polvo de pimienta negra.

ENSALADA DE AGUACATES

Aguacates 6, elotes 2, chícharos de cambray media taza, lechuga 1, ejotes picados media taza, lechuga romana 1, aceite, vinagre, sal y pimienta.

Se pelan los aguacates y se parten por mitad a lo largo retirando el hueso. Se ponen a cocer los granos de los dos elotes, los chícharos y los ejotes.

En seguida se escurren bien y se les añade lo blanco de la lechuga también picada; se aderezados en aceite, vinagre, sal y pimienta. Con esto se rellenan los aguacates y se les pone un poquito de mayonesa arriba. Se sirven sobre las hojas de la lechuga romana.

ENSALADA DE CUCLILLO

Con la media luna se cortan finamente las siguientes hortalizas: col de Milán, espinacas y cebollas. Se aderezan con zumo de limón, aceite y un poco de azúcar.

ENSALADA DE ESPARRAGOS

Se pican finamente los espárragos y a continuación se sazonan con zumo de limón o aceite, o ambas cosas. Pueden añadirse hojas de hinojo o cominos.

ENSALADA DE ESPINACAS

Se escogen espinacas tiernas y pequeñas, se lavan y se escurren bien. Se sazonan con zumo de limón y un poco de azúcar.

ENSALADA DE FRUTAS

Tres o cuatro plátanos, tres naranjas, un trozo de piña y manzana. Toda esta fruta se corta en rajas y se coloca de modo que los colores armonicen. Puede servirse rociada con un poco de miel.

ENSALADA DE FRUTAS Y LECHUGA

Se cortan pedacitos de manzana, naranja, zanahoria y hojas tiernas de lechuga de clase jugosa y dulce y se aliña el plato con sal, aceite y jugo de limón.

ENSALADA DE MANZANAS

Se ahuecan las manzanas sacando las pipas y se rellenan con una pasta de rábano picado y miel bien mezclada. Se come con pan integral.

ENSALADA DE NARANJAS

Tómense naranjas o mandarinas, móndense y córtense a rajas, junto con manzanas y peras. Se sirve azucarado.

ENSALADA DE PEPINOS

Bien cortados en rajitas se sirven aderezados con zumo de limón.

ENSALADA DE PERAS

Bien ralladas las peras, se sirven con miel y requesón.

ENSALADA DE RAICES Y FRUTAS

Mézclense por partes zanahorias ralladas, rabanillos, zanahorias amarillas, calabacines, espárragos, manzanas, limones, mandarinas, jalea fresca y azúcar.

ENSALADA ENCANTO DE LOS OJOS

Se rallan calabacines y pimientos colorados y se mezclan con tomates aplastados y zumo de limón y de fresas.

ENSALADA LOMBARDA

Se mezclan a la lombarda, cortada finamente, pedazos de manzana.

ENSALADA MARIA

Se pica coliflor finamente, así como varias puntas de espárragos; todo esto se mezcla con cominos, zumo de limón y aceite. Esta ensalada, preparada algunas horas antes de servirse, resulta mucho más sabrosa.

ENSALADA MERMELADA

Se toman partes iguales de remolacha, nabos, calabacines, col, rábano y se ralla todo finamente, mezclándolo con zumo de limón y jarabe de grosellas.

ENSALADA MEZCLADA

Tómense partes iguales de remolacha, zanahoria, calabacines, col, rábano, nabo y cebolla; cepíllense finamente haciendo tiras delgadas como virutas y luego píquense con la media luna. Aderécese con limón y aceite.

ENSALADA NATURA

Se toma como base una planta cultivada de sabor suave (lechuga, escarola) de blancura linfática que se deja en tiras largas y se la mezcla a una porción menor y cortada fina de plantas silvestres de gusto y textura más fuerte (berros, cerrajas, espinacas). Se mezcla bien con perejil picado y aceite.

ENSALADA PARTA

Tómense coles de Bruselas, perejil tierno y cebolla. Se pica todo con la media luna y se le añade zumo de limón y aceite. Las hojas de perejil se pueden acompañar al plato como complemento y añadir a voluntad cominos, hinojo, etc.

ENSALADA SILVESTRE

Se toman hojas de amargón o diente de león, achicorias, berros y acederas y se lavan muy bien. Se moja todo con agua clara y se aderezan con zumo de limón y aceite.

ENSALADA VERDE

Se escogen para la misma los mejores cogollos, aunque también se aprovechan las hojuelas de la lechuga de tallo. De los cogollos se separan las hojas externas, duras ordinariamente, y se ablandan y limpian en la ensaladera. Se monda el tronco y la parte interior blanda se corta y se mezcla a las hojas. Se adereza con zumo de limón y aceite. Puede añadirse miel clara o azúcar si se prefiere dulce.

SALSAS

ALI-OLI

Se machacan en el molcajete seis dientes de ajo con un poco de sal, y se les va echando poco a poco aceite fino hasta que quede una pasta bien espesa.

SALSA BECHAMEL

Se hace un picadillo de cebolla, hongos, zanahoria y apio, y se rehoga con manteca, orégano, tomillo y laurel. Todo esto se dora sin tostar. Aparte se doran dos cucharadas de harina en manteca, agregando después medio vaso de leche. Se tamiza el picadillo anterior y se mezcla con este último una vez hervido.

SALSA BLANCA FUNDAMENTAL

Se elabora con dos cucharadas de harina, manteca y medio vaso de agua que se añade muy despacio, el jugo de un limón, sal, pimienta y una pulgarada de nuez moscada. Se revuelve diez minutos al fuego. Si conviene puede añadírsele más agua y manteca y liarse, una vez fría, con una yema de huevo.

SALSA DE ESTRAGON

Se rehoga media cucharada de estragón en hojas o en polvo, se tamiza y se une a la salsa fundamental o a una salsa mayonesa.

SALSA DE FRUTAS

1o. Con frutas frescas: cerezas, fresas, ciruelas, duraznos, etc.

Se rehoga al baño maría cualquiera de las frutas antedichas, medio kilo de frutas y 250 gramos de azúcar, y se añade, después de tamizarlas, una cucharada de fécula desleída en agua fría. En diez minutos más se completa la cocción.

2o. Con frutas conservadas o confitura: cerezas, fresas, duraznos, peras, ciruelas, etc.

Se toma la cantidad de jalea, mermelada o compota necesaria y se calienta adicionando un poco de agua. Se la deja enfriar y con la pasta resultante se acompaña el pastel pudding cuando no se introduce en él. Cuando las frutas son enteras se escurren.

SALSA DE MENTA

Se cuecen las hojas de menta en aceite y se acaban de rehogar con medio vaso de agua y medio limón, hasta que se reduzca a la mitad. Se le incorpora una salsa blanca.

SALSA DE NARANJAS

Se derriten dos cucharadas de manteca de vaca y otras dos de azúcar y se les mezcla el jugo de naranjas y el de un limón. También puede usarse el zumo de uvas. Se liga la salsa con una cucharada de fécula y se hierve unos momentos.

SALSA DE TOMATE

Se reduce a un sofrito en aceite, laurel, tomillo y cebolla, de varios tomates maduros, algunas cucharadas de caldo de legumbres, para que pueda aplastarse y tamizarse mejor. Al producto colado se le añade harina, trufa picada si se quiere y se deja hervir de nuevo.

SALSA ITALIANA

A un rehogado de cebollas en aceite o manteca se echarán setas desmenuzadas. Cuando éstas han soltado la humedad se las mezcla con algunas cucharadas de caldo de legumbres y una hoja de laurel, dejándolo cocer durante diez minutos; se espolvorea con pimienta y picadillo de trufas y perejil. Al poco rato se separa el laurel y se sirve.

SALSA MAYONESA

Se friega el molcajete, por su interior, con un diente de ajo; se echan en él dos yemas frescas, una miga de pan mojado y exprimido, aceite, gota a gota, agitando continuamente en el mismo sentido. Algunos ponen sal, pimienta, mostaza y vinagre, pero basta un poco de jugo de limón para hacerla más agradable.

SALSA PARA ESPARRAGOS

Se compone de manteca, yema de huevo, una cucharada de jugo de limón, sal y pimiento cocido al baño maría. También sirve para el caso esta otra salsa: Se trinchan aceitunas y se mezclan con aceite y jugo de limón.

SALSA PROVENZAL

Dos yemas de huevo batidas, una cucharada de jugo de limón, dos dientes de ajo picados y algo de pimienta y romero; todo al fuego y revolviendo continuamente mientras se va echando el aceite gota a gota.

SALSA VERDE

Se rehogan con manteca y sal hierbas finas y espinacas bien picaditas. Se les echa agua y después de hervir y reducirse se cuela. Un picadillo de aceitunas y pepino frito con aceite, forman también una buena salsa verde, que se completará, lo mismo que la anterior, liándola con una salsa blanca.

SALSA VERDE AL HUEVO

Se hace en el molcajete un picadillo de acedera, perejil, y perifollo hasta formar una pasta a la que se le añaden dos yemas de huevo, una cruda y la otra cocida, miga de pan mojada en leche y exprimida, sal, aceite y jugo de limón mientras se sigue machacando hasta dejarlo todo bien ligado.

PUDDINGS

PUDDING DE ARROZ

Se prepara con leche sola y lo demás igual que al pudding de sémola de avena. Se sirve del mismo modo. (Ver **Pudding de sémola de avena**).

PUDDING DE CHOCOLATE

En medio litro de leche hirviendo se echan 125 gramos de harina desleída en un cuarto de litro de agua. Sin dejar de remover se añaden unas gotas de limón, azúcar, dos yemas y 250 gramos de chocolate raspado. La cantidad de chocolate puede disminuirse supliéndolo en parte por bizcocho rallado y fécula, con lo que resulta más ligero al estómago. Puede aromatizarse con una cucharada de flor de azahar y rociarse con crema de cacao o de chocolate.

PUDDING DE ESPARRAGOS

En medio litro de leche hervida con caldo de espárragos se mezclan 60 gramos de manteca y se deslíen tres o cuatro cucharadas de harina, removiendo constantemente mientras cuece, hasta que la masa se destaque de la cacerola. Se quita del fuego y se añaden 60 gramos de manteca, tres o cuatro yemas de huevo batidas con un poco de sal y 400 gramos de espárragos hervidos, además de las claras de huevo muy batidas. Se vierte la masa en un molde untado de manteca y espolvoreado con ralladura de pan, poniéndolo a cocer durante media hora al baño de maría. Se come caliente con una salsa de manteca, harina, el resto del jugo de los espárragos, un poco de leche o crema y una yema de huevo.

PUDDIN DE FECULA

Se derriten 100 gramos de manteca con 75 gramos de azúcar en medio litro de leche, mezclándolo con 100 gramos de fécula desleída en un poco de leche. En todo lo demás de la cocción se procede como en el pudding de sémola de avena.

PUDDING INGLES DE PAN Y FRUTAS

Sobre unas rebanadas de pan con manteca se extienden mermeladas, compotas o confituras de ciruelas, duraznos, fresas, cerezas, etc. Encima se ponen pasas de Corinto en mucha menos cantidad y se sobreponen estas rebanadas en un molde engrasado de manteca. La cuarta parte del molde que queda vacía se llena con medio litro de leche en el que se han mezclado una cucharada de harina de maíz desleída, tres o cuatro yemas de huevo, limón raspado o vainilla, azúcar, manteca, las claras batidas a punto de nieve y pan rallado. Así las rebanadas se irán impregnando del líquido mientras éste cocerá al horno o baño de maría. Cuando sale limpia la hoja de un cuchillo es que la pasta ya está al punto, la cual se quitará del molde cuando esté fría.

PUDDING DE MANZANAS

Se hace una compota con doce manzanas y se añaden cuatro cucharadas de azúcar, las yemas de cuatro huevos, un poco de manteca, 125 gramos de pasas de Corinto, nueces bien picaditas y dos cucharadas de harina. Se mezclan estos ingredientes, se les deja hervir un momento, se enfrían y se añaden finalmente las claras de los huevos a punto de nieve. Se tiene durante una hora al horno en un molde untado de manteca. Las pasas deben haber cocido antes de media hora al baño de maría.

PUDDING DE NUECES

Se hace igualmente que el pudding de chocolate, añadiendo en lugar de éste 325 gramos de nueces molidas y 350 gramos de bizcochos triturados.

PUDDING DE QUESO BLANCO

Se confecciona exactamente igual que el pudding de chocolate, substituyendo éste por 500 gramos de queso rallado blanco.

PUDDING DE SEMOLA DE AVENA

En medio litro, mitad agua y mitad leche, hirvientes, se echan removiendo 300 gramos de sémola de avena, añadiendo después 50 gramos de manteca y 100 gramos de azúcar. Se deja hinchar al lado del fuego. Se enfría la masa mezclando 65 gramos de almendras ralladas, se trabaja la pasta con la adición de dos yemas de huevo y bien espolvoreada con miga de pan o galleta se pone en un molde engrasado, donde debe cocer una hora al horno o al baño maría con fuego encima. Se quita el molde cuando está frío. Este pudding puede servirse con una salsa de jugo de cerezas, grosellas, confituras, etc.

PUDDING FLAN

Se pone en una balanza una cantidad de azúcar igual al peso de los huevos que se necesitan (huevo o huevo y medio por persona); otra cantidad de harina de maíz equivalente a la mitad del azúcar. Primero se mezclarán las yemas con raspaduras de corteza de limón o vainilla, después se les unirán las claras batidas aparte, el azúcar y poco a poco la harina. Se coloca espolvoreado de canela en un molde engrasado y enharinado, para tenerlo cerca de tres cuartos de hora al baño de maría con fuego encima.

PUDDING NORUEGO

Para ocho personas: Medio kilo de patatas ralladas, 125 gramos de manteca, tres yemas de huevo, seis o siete blancos de huevo, cebolla, sal y 50 gramos de pan blanco rallado.

Las patatas se cuecen con la piel, se mondan después y se pasan por la prensa junto con la manteca, la sal y la cebolla. Las yemas de huevo se baten y se mezlcan con el pan rallado y con el resto de la composición; al final se añaden los blancos de huevos batidos y se cuece durante una hora al horno.

PUDDING VERDE

Se lava un manojo de acederas y espinacas y con una patata grande, una zanahoria y un poco de sal se cuece y todo bien cocido se machaca en el molcajete con piñones y pasas. Se bate en frío con un huevo y se mete en molde untado con manteca, espolvoreándolo con miga de pan al horno.

FRUTAS GUISADAS

CASTAÑAS A LA MANTECA

Una vez cocidas las castañas con leche o agua y sal, apio y cebolla si se desea, se doran en cazuela de barro con bastante manteca o también con sofrito de cebolla, aceite y un poco de agua para rehogarlas.

CASTAÑAS ASADAS

Se les hace un corte con un cuchillo y se tuestan en sartén a fuego vivo o en una cazuela de hierro cuyo fondo esté agujereado en distintas partes.

CASTAÑAS CON GUISANTES

Después de tener las castañas en remojo durante algunas horas, se echan en un sofrito ya preparado de zanahoria, cebolla, perejil, orégano, romero, laurel y salsa de tomate, y al mismo tiempo que las castañas se echará el agua en que han cocido los guisantes. Finalmente se agregarán estos, continuando la cocción hasta que las castañas estén en su punto.

CASTAÑAS CON LECHE

Se preparan las castañas como para hacer compota. Se tuestan, se pelan y se hierven 40 o 50 castañas para 125 gramos de azúcar y un poco de vainilla. Se pasan por colador sobre una cazuela en la que habrá un vaso de leche caliente, se espolvorean con canela y se sirven frías.

CASTAÑAS EN TORTITAS

Se hace un puré de castañas y se forma una pasta amasándola con yema de huevo, leche y harina y se fríe dándole forma de buñuelos. Se conservan calientes y al servirlas se espolvorean con azúcar.

CASTAÑAS GUISADAS CON SALSA DE TOMATE

Después de guisadas las castañas se rehogan con cualquier hortaliza: nabos, zanahorias, legumbres, apio, etc., y se sirven con una salsa cruda de jugo de tomate, yemas de huevo duro desleídos en él y aceite.

MANZANAS

CREMA CON MANZANAS

Se mezcla medio litro de leche a igual cantidad de nata y cuatro cucharadas de azúcar en polvo, haciendo que hierva hasta quedar reducido a los dos tercios. Se baten dos claras de huevo y cuando están a punto de nieve se mezclan a la crema, removiendo continuamente en un fuego regular. Después de algunos hervores se añade una cucharada de jugo de naranja y las manzanas que se habrán hervido a pedazos en almíbar y con un poco de canela. Se sirve frío.

MANZANAS A LA NIEVE

Se meten al horno las manzanas en compota, cubiertas con una capa de claras de huevo a punto de nieve y una cucharada de azúcar por cada clara, y pasados cinco minutos se sacan y se sirven en una fuente con jalea, bizcochos, etcétera.

MANZANAS A LA PORTUGUESA

Se mondan las manzanas, se vacían del corazón y se introduce en el hueco azúcar y manteca, cociéndolas al horno en una fuente untada de manteca y con un poco de agua. Pasada media hora se sacan y se sirven calientes.

MANZANAS AL HORNO

Se les corta una coronilla para introducir en el hueco que deja, manteca, azúcar y canela. Se llevan al horno.

MANZANAS CON ARROZ

Se cuecen al horno capas superpuestas de arroz cocido con leche y aromatizado con limón y vainilla y de rodajas de manzana con azúcar.

MANZANAS CON MAIZ

Se prepara un puré espeso de harina de maíz con azúcar, se deja hinchar bien al lado del fuego y se coloca en una asadera lavada con agua fría. En la superficie tostada se pone mermelada o compota de manzanas.

PASTEL

PASTEL DE CASTAÑAS

Se prepara un puré de castañas con leche y azúcar y se añaden claras de huevo batidas a punto de nieve y un poco de vainilla. En un molde untado con caramelo se deposita esta pasta, que se dejará cocer a horno suave durante una hora. Se deja enfriar, se quita del molde y se traslada a una fuente, recubriéndola con crema de vainilla.

PERAS

PERAS A LO SUBLIME

Se escogen las peras que no estén muy maduras, se cuecen al horno y se rebozan con una pasta de huevo, manteca, azúcar y limón o vainilla para aromatizarla. Se fríen con manteca.

PERAS EN SALSA

Se cuecen en agua, azúcar, canela y limón. Este procedimiento puede servir para las demás frutas.

PLATANOS

PLATANOS AL HORNO

Con la piel algo cortada por los extremos, se dejan cocer a horno muy suave.

PLATANOS AL LIMON

Se les quita la cáscara y se doran en la sartén con manteca. Luego se azucaran. Se sirven fríos, rociándolos con jugo de limón o de naranja y espolvoreándolos con canela.

POSTRES VEGETARIANOS

CESTO DE MELON

Un melón, medio kilo de uva, una cucharada de almendras, unos dátiles y una cucharadita de azúcar.

Córtese artísticamente el melón, dándole forma de cesto. Se limpia de semillas, se saca la carne con una cuchara y se corta en pequeños trozos, procurando que no se eche a perder el zumo. Se mezclan los granos de uva, los dátiles y una pera cortada en trocitos; se añaden las almendras, que ya estarán en remojo desde la noche anterior y a las cuales se les habrá quitado la piel.

Mézclese todo muy bien y colóquese artísticamente en el interior del cesto hecho melón.

COPAS

COPA AFRICANA

Medio melón, el zumo de medio limón, seis cucharadas de coco rallado, una cucharadita de azúcar, un cuarto de kilo de dátiles y doscientos gramos de natillas.

Se muele el melón y se mezcla con azúcar, el limón y el coco. Se pone esta mezcla en el fondo de las copas y se cubre con una capa de natillas; luego se añade otra capa de dátiles deshuesados y se cubre nuevamente con natillas.

COPA DE PLATANO

Dos plátanos, diez avellanas, tres claras de huevo, dos cucharadas de miel y azúcar.

Se muelen las avellanas y se mezcla el polvo obtenido con las dos cucharadas de miel diluída en un poco de agua; luego se pone esta pasta en una copa de cristal. Se pelan los plátanos y se cortan en rodajas, las cuales se colocan encima. Se baten las claras de huevo, se les añade un poco de azúcar y se les pone en una manga encima del plátano, resultando este postre muy decorativo.

CREMAS

CREMAS DE ALMENDRAS Y PLATANOS

120 gramos de almendras crudas, tres plátanos, un vasito de agua y una cucharada de azúcar morena.

Se remojan las almendras con agua fría durante la noche, se les vierte agua caliente para pelarlas fácilmente y se machacan hasta convertirlas en una pasta. Se muelen los plátanos, se pasan por un cedazo y se mezclan con la crema de almendras, añadiendo un poco de agua y azúcar.

CREMA ESPUMOSA DE LIMON

Cuatro limones bien maduros, una taza de azúcar, un vasito de agua y cuatro huevos.

Se raspa la parte amarilla de la piel de los limones y se pone al fuego con agua y azúcar; se hierve todo hasta formar un almíbar perfumado de limón. Se mezclan las yemas con el zumo del limón y se baten las claras. Se vierte el almíbar despacio sobre las yemas, removiendo continuamente para evitar que éstas se cuajen. Se añaden entonces las claras, que estarán a punto de merengue, y se pone nuevamente la cacerola al fuego, removiendo mucho con el batidor hasta que la crema llegue a hervir. Cuando esto ocurra se retira en seguida del fuego y se sigue batiendo durante diez minutos. Después se deja enfriar, removiéndola de vez en cuando para que no forme costra encima. Se sirve en un platón de cristal.

DURAZNOS

DURAZNOS RELLENOS

Media docena de duraznos, tres cucharadas de almendras, dos cucharadas de avellanas, cuatro cucharadas de azúcar morena, tres cucharadas de natilla.

Se parten los duraznos por la mitad, se colocan en una fuente y se les vierte por encima agua hirviendo para quitarles la piel. Hecho esto se les quitan los huesos y se colocan de manera que el hueco quede hacia arriba.

Se pone el azúcar sobre el fuego y cuando esté líquido se echan las almendras y avellanas; se tuestan sin dejar de removerlas, colocándolas sobre el mármol Una vez frías se muelen hasta que queden convertidas en pasta fina. Se forman bolas con esta mezcla y se las pone en los huecos de los duraznos, cubriendo estos con las natillas.

ENSALADAS

ENSALADA DE CIRUELAS CON ALMENDRAS

Una docena de ciruelas frescas, dos docenas de almendras, una cucharada de miel, un trozo de canela y una cucharada de azúcar morena.

Se lavan muy bien las ciruelas, se secan con un paño y se les quita los huesos. Se cortan en trozos menudos, se machacan y se colocan en una fuente espolvoreándolos de azúcar morena.

Se pelan las almendras y se pican finamente, se les añade miel y se revuelven hasta formar una pasta untosa. Se deshace esta pasta con el jugo de ciruelas y se les echa canela, la cual debe retirarse en el momento de hervir.

ENSALADA DE FRESAS CON NATA

Dos tazas de fresas, una taza de nata, dos cucharadas de azúcar morena, una cucharada de jugo de limón y un plátano.

Se colocan las fresas sobre un tamiz y se lavan muy bien, se dejan escurrir y se colocan en una fuente, rociándolas con el zumo de limón y espolvoreándolas con el azúcar. Se pela el plátano, se muele con un tenedor y cuando está como una crema se mezcla con las fresas. En el momento de servir se echa encima la nata.

ENSALADA DE FRUTAS

Dos manzanas, dos duraznos, cinco cucharadas de miel, el jugo de un limón y la yema de un huevo.

Se lavan muy bien las frutas, se les quitan los huesos y las semillas y se cortan en rodajas finas; luego se ponen en maceración con el jugo de limón. Se trabaja la yema en el molcajete y se echa poco a poco la miel. Se mezcla esta salsa con las frutas preparadas de antemano y se deja así media hora antes de servir.

ENSALADA PICANTE DE FRUTAS

Peras, plátanos, manzanas ácidas, piña, avellanas, aceitunas, ciruelas y salsa mayonesa.

Se cortan las frutas en tajaditas finas; las avellanas se tuestan ligeramente con objeto de quitarles la piel; luego se echan enteras dentro de las demás frutas. Se mezcla todo con unas aceitunas cortadas en pedacitos y se agrega la mayonesa aderezada con limón.

MANZANAS

ESPUMA DE MANZANA

Cuatro manzanas grandes ácidas, el zumo de un limón, cien gramos de natillas, dos o tres cucharadas de azúcar.

Se lavan las manzanas, se secan bien y se rallan. Durante esta operación se añadirá el jugo de limón para evitar que se ennegrezcan. Se les añade después el azúcar y se baten con un tenedor hasta obtener una pasta fina. Se mezclan entonces con las natillas y se sirven.

MUS DE MANGO

Mango 3 latas, hojas de grenetina 13, crema batida medio litro, cognac 4 cucharadas.

Las hojas de grenetina se remojan y luego se ponen en baño maría; dos latas de mango, sin el jugo, se muelen en la licuadora agregando la grenetina derretida, luego se le agrega la crema batida. En un molde para flan, se vacía la crema de mango y se mete al refrigerador. La otra lata que quedó de mango se muele con un poquito de jugo de limón y otro poquito de cognac, con esto se baña la crema de mango al servirse.

NARANJAS

NARANJAS RELLENAS

Tres naranjas, tres cucharadas de almendras, dos cucharadas de azúcar morena y cien gramos de natillas frescas.

Se corta la parte superior de las naranjas y se vacían con una cucharita, se cuela el zumo y se mezcla con el azúcar. Se muelen las almendras, se mojan poco a poco con el zumo de naranja y luego se mezcla todo con las natillas. Se cortan los bordes de las naranjas vacías en forma de dientes, como adorno, y se rellenan con la masa preparada de antemano.

PLATANOS

NIEVE DE PLATANOS Y MANZANAS

Media taza de manzana rallada, media taza de plátano molido, dos cucharadas de zumo de limón, tres claras de huevo, tres cucharadas de azúcar.

Se mezcla la manzana rallada con el plátano molido, el azúcar y el limón y se bate hasta obtener una especie de crema. Se baten luego las claras de huevo a punto de merengue, mezclándolo con la crema ya preparada.

PLATANOS CON MIEL

Seis plátanos, tres cucharadas de miel, un vaso de agua y el zumo de medio limón.

Se deshace la miel; se deja enfriar. Se pelan los plátanos y se cortan en rodajas, se colocan en una compotera, se vierte encima el jarabe frío y se deja reposar un buen rato antes de servir.

PLATANOS CHANTILLY

Cuatro plátanos, un vaso de jugo de uvas, cuatro cucharadas de natillas frescas.

Se limpian los plátanos y se raspa su superficie para quitarles los filamentos; se cortan después en rodajas y se dejan en remojo durante media hora en un plato conteniendo el jugo de uvas. En el momento de servir se adorna el plato con crema Chantilly.

SANDWICH DE PLATANOS Y COCO

Cuatro plátanos, un octavo de coco rallado, una cucharada de miel y pan integral.

Se cortan varias rebanadas de pan integral y se extiende sobre ellas una capa de miel. Se quitan la piel y los hilos a los plátanos y se cortan rebanaditas, las cuales se colocan sobre las rebanadas de pan espolvoreándolas con el coco rallado.

BIZCOCHOS, SOUFLEES, TORTAS Y TOSTADAS

BIZCOCHOS A LA CREMA

Se preparan bizcochos finos, se untan con jugo de frambuesas o grosellas y se colocan en pirámide, interponiendo entre ellos una crema fría hecha con medio litro de leche hervida, cien gramos de azúcar, cuatro yemas liadas al fuego sin hervir. Al pie de los bizcochos puede depositarse una capa de crema batida, azucarada y vainillada, salpicada de almendras picadas.

BIZCOCHOS FINOS

Se preparan con 75 gramos de harina y batiendo por separado las claras y las yemas de cuatro huevos mezclando alguna esencia (limón raspado, flor de naranjo, vainilla en polvo, etc.), añadiendo si se quiere manteca, crema batida y azúcar. Se cuece espolvoreado de azúcar en cajitas de papel blanco al horno.

BIZCOCHOS SECOS

Para 250 gramos de harina 60 de agua, canela en polvo, dos huevos y un vaso de agua tibia. Se hace con todo ello una pasta que no sea clara, después se espolvorea con azúcar, se cuece a fuego lento en una tortera y se corta a tajaditas.

PAN CON FRUTA

Se alternan en un molde rebanadas de pan con capas de frutas varias cocidas, hasta llenarlo, y se rocía la masa con el jugo de la propia fruta. Se tiene durante una noche en lugar fresco.

PAN DE ESPECIES

Con una pasta de azúcar, otra de miel derretida al fuego, una cuarta parte de almendras raspadas, gengibre, corteza de limón mezclado a una pasta hecha con harina de trigo y centeno, se hacen panes que se espolvorean de almendra y se salpican con pedacitos de sidra u otra confitura, untado y espolvoreado de harina. Se lleva al horno bien caliente durante media hora.

PASTAS

PASTAS PARA TORTAS Y PASTELES

Sobre una tabla se depositan 250 gramos de harina de trigo y en el centro ahuecado se mezclan 120 gramos de manteca bien cuajada y fría (la de nueces es excelente), una cucharada de azúcar, un huevo entero y dos yemas. Se amasa bien y entre dos capas de esta pasta pueden colocarse frutas rehogadas espolvoreadas de azúcar, frutas y cereales cocidos, puré de sémola de maíz, manteca y azúcar, añadiendo en frío yemas de huevo. Estas tortas así preparadas se llevan al horno untadas con manteca. También puede disponerse la pasta en forma de molde hueco que se rellena con lo que se quiera. Puede cocerse también al horno esta pasta confeccionada, además, con las claras batidas enclavando en ella nueces, avellanas, ciruelas o bien fresas rociadas con jarabe e intercalando entre dos láminas de esta pasta una crema a la vainilla.

El ingenio y el arte de cada cual puede introducir en estos pasteles infinidad de variantes.

SOUFLEES

SOUFLEE DE DURAZNOS, MANZANAS, ETC.

Se hace una crema con 125 gramos de manteca derretida y 8 yemas de huevo con 120 gramos de azúcar, agitando continuamente. Se amasan cinco cucharadas de bizcochos rallados junto con un litro de compota de fruta preferida y esta masa, con las claras batidas a la nieve encima, se cuece moderadamente al horno vivo en un molde engrasado y enharinado. Se come caliente.

SOUFLEE DE HARINA DE AVENA

Se deslíen 125 gramos de harina de avena en medio litro de leche fría y se echan en un litro de leche hirviendo. Se dejan enfriar después de cocida, añadiendo 60 gramos de manteca batida a la crema, 125 gramos de azúcar, las yemas de 6 huevos y polvo de limón o de vainilla; cuando todo está bien amasado se juntan las 6 claras batidas a punto de nieve, que no deben ennegrecer al calor del horno vivo a que se somete la masa introducida en un molde engrasado. Se come caliente.

Puede emplearse menos harina y doble cantidad de ésta de chocolate raspado, añadido al enfriar, constituyendo así el souflée de chocolate.

TORTAS Y TOSTADAS

TORTAS AL HUEVO

Se deslíe la harina que se prefiera en leche o agua, añadiendo huevos batidos en abundancia, un poco de sal o azúcar y se cuecen las tortas que se confeccionan en la sartén con manteca, sacudiendo con frecuencia y volviendo la pasta. Se espolvorean con azúcar.

TORTAS BRETONAS

Se hace la pasta con agua y tres huevos por medio kilo de harina blanca o morena y amasándola bien con manteca para dejarla agradable y digestible. Se cuece en una teja al horno, se dobla metiendo un huevo de manteca y se acaba de dorar la otra cara.

TORTAS CON FRUTAS

Se preparan como las tortas al huevo añadiendo las frutas deshuesadas o cortadas en la pasta, de modo que queden disimuladas a media cocción de la torta. Las claras pueden batirse a la nieve y las frutas ser añadidas en mermelada o compota.

TOSTADAS DE NAVIDAD

En tostadas de pan se echa una crema que se prepara cociendo manteca y miel en partes iguales y luego echando huevos batidos que se coagulan con ascuas en la tapadera.

TOSTADAS DE SANTA TERESA

Se empapan de leche tostadas de pan y se espolvorean con canela y ralladuras de limón. Al cabo de un rato se empapan con huevo batido y se fríen. Se sirven frías y bien azucaradas.

EMPANADAS Y PASTELES

EMPANADAS DANJOU

Se hace una pasta con harina de maíz, huevos y leche y se le da forma de molde hueco alargado para rellenarlo con espinacas bien limpias y cocidas, junto con un puré de lentejas y pasas. Se tienen al horno durante una hora y se sirven como fiambres, a tajadas.

EMPANADAS ESAU

Se hace un puré de lentejas y se le amasa con una salsa de piñones, avellanas, manteca, almendras y yema de huevo. Se revuelve al fuego la pasta, se divide en panecillos que, pasados por la harina y huevo, se fríen, sirviéndolos con adornos de perejil y limón.

PASTELES

PASTEL DE CASTAÑAS

Se prepara con un puré de castañas en leche con bastante azúcar, manteca, yemas de huevo y ralladuras de bizcochos. Al final se agrega a la pasta las claras batidas y se lleva al horno en un molde engrasado y enharinado.

PASTEL DE FRUTAS

Se hace la pasta como de costumbre con manteca batida, azúcar, yemas de huevo y harina, o fécula, removiendo a fondo; se añaden almendras y pan rallado y raspaduras de limón, finalmente las claras bien batidas. Dentro de esta pasta se introduce la fruta ya cocida y cortada y se llena con ello un molde.

PASTEL DE REMOLACHAS

Se cuece a la sartén, como una tortilla, una pasta dividida en pequeñas tortas que se confecciona con harina, remolachas ralladas, sal y jugo de limón.

PASTEL DE SABOYA

Se baten por separado las yemas y las claras de varios huevos y su peso en azúcar, añadiendo poco a poco como la mitad de su peso en harina y polvo de vainilla; las claras se vierten al final. Dentro de un molde engrasado, lleno sólo hasta la mitad, se lleva al horno vivo durante tres cuartos de hora, espolvoreando con azúcar.

PASTEL DE TRIGO

Se prepara la pasta con 250 gramos de harina de trigo, 250 gramos de harina blanca, 100 gramos de almendras ralladas, 100 gramos de pasas de Corinto, 150 gramos de azúcar, 125 gramos de manteca fresca y 3 o 4 huevos desleídos. Pueden disolverse en la pasta de harina 30 gramos de levadura para hincharla después de trabajarla y tenerla en reposo en lugar caliente. Se ablanda con algo de leche si es necesario. De esta pasta se hacen rollos que se cuecen al horno. Se conservan largo tiempo.

PASTEL VENECIANO

Se prepara una pasta con 250 gramos de harina, 125 gramos de manteca, 125 gramos de azúcar y un huevo con la clara batida a punto de nieve, y entre dos capas de esta pasta se pone una fruta rehogada, una capa de confitura de duraznos y se lleva al horno media hora.

PASTEL DE VERDURAS

Entre dos capas de pasta tierna para tortas y en un molde engrasado y enharinado, se coloca una col u otra verdura cocida, manteca, pan reblandecido, almendras ralladas, huevos y azúcar bien mezclados. Se cuece al horno a fuego lento.

CREMAS, HELADOS Y MERENGUES

BISCUIT GLACE

Se hace derritiendo azúcar un almíbar claro, y en caliente y despacio se baten en él ocho yemas de huevo, luego medio litro de leche y un poco de vainilla. Se pone á helar durante tres o cuatro horas en un molde bien cubierto de hielo.

CREMA

Se baten doce yemas con azúcar y se echan en un litro de leche, se cuela y al líquido se añade vainilla, canela en rama y corteza de limón. Se cuece a fuego suave agitando continuamente en una misma dirección y cuando una gota queda pegada sin deslizarse en un papel, está en su punto. Se retira del fuego y se deja enfriar. Para acaramelarla se espolvorea de azúcar y canela y se pasa por encima una plancha caliente. Puede adornarse con las claras batidas con azúcar.

CREMA A LA MANTECA

Se baten 125 gramos de manteca fresca, 125 gramos de azúcar, un huevo. Una vez hecha la crema se intercala entre capas de bizcochos y se aprietan con un peso encima, dentro de un molde sumergido en agua fría.

CREMA A LAS ALMENDRAS

Al separar la crema del fuego y una vez fría, se le mezcla una pasta hecha con almendras o avellanas picadas, desliéndola bien con la masa y se empotran en ella algunas almendras o avellanas y anises rosados como adorno.

CREMA CHANTILLY

Se agita con un batidor, por espacio de dos horas, un cuartillo de nata hasta que quede bien espesa y se incorpora a tres claras batidas con azúcar a punto de merengue. Sirve para recubrir bizcochos espolvoreándola de grajeas y confites.

CREMA DE CASTAÑAS

Se hace con 100 gramos de harina de castañas o 25 castañas cocidas en leche, añadiendo dos yemas, un vaso de leche, manteca y 125 gramos de azúcar. Se hierve bien y se pasa por tamiz.

CREMA DE FRUTAS

Se le añade a la crema el jugo o jalea desleída de cualquier fruta (cereza, naranja, limón, fresa, durazno, etc.). La crema de fresas se puede adornar con fresas pasadas por azúcar, además de disolver el jugo de parte de las mismas en ella cuando esté fría. Pueden verterse encima las claras batidas a la nieve. Puede helarse.

CREMA FRITA

Para medio litro de leche, dos huevos, dos cucharadas y media de harina, azúcar, raspaduras de limón y vainilla, todo al fuego y bien batido como cuando se hace crema. Cuando la masa está bien espesa se deja enfriar en una fuente y después se corta a pedacitos cuadrados que se fríen con manteca. Aunque dulces, pueden azucararse al gusto.

CREMA PARA SALSAS

Se hace con media docena de huevos batidos, dos copas de leche, dos cucharadas de zumo de limón, cocido todo en cazuela de barro a fuego de brasa cubierta con ceniza. Se agita continuamente hasta obtener la consistencia deseada y se dispone con arte para acompañar tajadas de polenta o de berenjenas fritas.

VARIOS

FLAN

Se ennegrece el interior de un molde con azúcar al fuego y se llena de una crema que se confecciona con medio litro de leche, seis yemas y una clara y azúcar, todo bien batido y colado, añadiendo la canela, cáscara de limón y vainilla machacada. Se cuece a fuego vivo a baño de maría con fuego encima y se sabe cuándo está en su punto si al meter un palillo en la pasta éste sale seco.

HUEVOS A LA NIEVE

Bien batidas las claras de huevo se echan a cucharadas en leche azucarada y vainillada hirviendo; las bolas así formadas en la superficie se vuelven para cocerlas mejor. Se separan y se recubre con ellas la crema que se prepara con la misma leche y las yemas batidas.

LECHE MERENGADA

Las claras batidas a punto de merengue se incorporan a la leche (un litro para ocho claras) hervida con canela y enfriada, añadiendo agua de azahar y azúcar. Se pone a helar.

MANTECADA

Se bate medio kilo de manteca de leche con medio kilo de azúcar, incorporando poco a poco una cantidad igual de harina y 20 gramos de canela en polvo. Se cuece a fuego moderado en moldecitos de papel.

MANTECADO

Se prepara igual que la crema, poniéndolo en una heladora hasta que cuaje.

MATO DE MONJA

Se despellejan, escaldándolas, tres onzas de almendras que, machacándolas con agua muy despacio hasta sacarles todo el jugo, darán medio litro de leche vegetal, que se mezclará con medio litro de leche de cabra o de vaca y tres onzas de almidón deslustrado y azúcar a paladar. Se cuela y se aromatiza con canela y en una cacerola al fuego se agita siempre hacia el mismo lado, añadiendo esencia de limón y dejándolo espeso como la crema. Se pone a enfriar en sus moldes.

MAZAPAN

Medio kilo de almendras dulces peladas y medio kilo de almendras amargas; se escaldan para despellejarlas y se ponen a secar al horno. En almíbar hecho con medio kilo de azúcar, a punto flojo, se vierten las almendras machacadas, agitando continuamente para que no se queme. Se retira cuando la masa ya se despega, se deja enfriar y se cortan los mazapanes colocándolos sobre hojas de papel. Se meten al horno a fuego suave.

REQUESON

Se tiene reblandecida col desde la víspera, se machaca y se pasa por un trapo con el agua en que ha estado, echando lo colado en la leche al momento de hervir y separarla del fuego. Se agita con una cuchara de madera hasta cuajarla. Se introduce luego en un trapo claro que se anuda y se cuelga para que escurra. Se sirve frío y con azúcar.

SORBETE DE FRUTAS

Se escogen frutas maduras, se pasa la pulpa por tamiz y después por un lienzo para afinarla, se azucara a voluntad y se pone a helar. Puede tenerse la pulpa dos o tres horas en azúcar antes de filtrarla.

YEMAS DE COCO

Un coco rallado se echa en media libra de azúcar y cuando tiene el punto de almíbar se hacen bolas que se pasan por azúcar y se secan.

YEMAS EN DULCE

Se doran al horno después de batidas, se cortan a pedazos, se echan en almíbar caliente hasta que se hinchan y se sirven frías y rociadas con almíbar.

ZUMOS Y HORCHATAS

HORCHATA DE ALMENDRAS

Para preparar un vaso grande de esta horchata, se necesitan 60 gramos de almendras. Se remojan éstas durante toda la noche con agua fría y luego se vierte sobre ellas agua hirviendo para poder pelarlas con facilidad. Después de mondadas se machacan hasta que se forma una crema algo espesa, se les va añadiendo poco a poco un vaso de agua, removiendo continuamente y se deja en reposo durante unas horas.

Se pasa por un colador fino y se azucara al gusto, o bien se pone miel.

HORCHATA DE ARROZ

Se necesita, la piel de medio limón, media taza de arroz, una cucharada de miel o de azúcar y un vaso de agua.

Se pone el arroz a remojar durante la noche en agua fría, después se machaca junto con la cáscara de limón y se le añade el agua de remojo. Se deja reposar durante una hora más, se cuela y se sirve esta horchata fría o ligeramente templada al baño de maría.

HORCHATA DE ARROZ CON ZUMO DE LECHUGA

Dos cucharadas de arroz, medio vaso de agua, un poco de corteza de limón, un poco de anís, tres cucharadas de zumo de lechuga y una cucharada de azúcar morena.

Se pone el arroz en remojo con agua fría, junto con el anís y la cáscara de limón. Luego se machaca y se remoja de nuevo con la misma agua durante una hora. Se cuela y se mezcla con el zumo de lechuga y el azúcar.

HORCHATA DE AVELLANAS

Dos cucharadas de avellanas y dos vasos de agua fría.

Se ponen las avellanas en remojo durante la noche y luego se machacan con su piel; cuando se forma una crema espesa se le añade un vaso de agua fría y se deja reposar durante unas horas al aire libre. Luego se pasa por un colador fino. Para hacer esta horchata dulce, se le añade una cucharada de miel, que se calienta previamente para hacerla bien líquida.

HORCHATA DE FRESONES

Cien gramos de fresones, una cucharada de azúcar, tres cucharadas de agua y dos cucharadas de nata.

Se pasan los fresones por un colador fino y se diluye el zumo obtenido con el agua; se mezcla con el azúcar y se pone finalmente la nata.

HORCHATA DE ZANAHORIAS Y ARROZ

Tres o cuatro cucharadas de arroz, cuatro o cinco zanahorias, dos cucharaditas de azúcar, cáscara de limón, media cucharadita de anís y un vaso de agua fría.

Se pone el arroz en remojo durante la noche, junto con la cáscara de limón y el anís. Luego se escurre, se machaca bien y se vuelve a poner a remojar en la misma agua durante dos horas más. Mientras, se limpian las zanahorias, se rallan y se exprime el zumo. Se cuela este zumo y se mezcla una tercera parte con dos terceras partes de horchata de arroz colado, se echa el azúcar y se sirve.

JARABE DE FRUTA

Una taza de jugo de cualquier fruta y cuatro cucharadas de azúcar.

Se pone el azúcar en una cacerola y se moja con el zumo de la fruta; se cuece a fuego lento hasta que esté bastante espeso para que de una cucharadita de jarabe puesta en agua fría se pueda formar una bola blanda con los dedos.

LECHE DE ALMENDRAS CON FRUTA

Un cuarto de kilo de fresas o de plátanos, tres vasos de horchata de almendras, el zumo de dos naranjas y cuatro cucharadas de azúcar morena.

Se muelen las frutas con un tenedor, de modo que se forme una pasta fina que se irá diluyendo en la horchata de almendras, añadiendo después el jugo de naranja con el azúcar.

LECHE DE ALMENDRAS CON ZUMO DE VERDURAS

Cantidad para un vaso grande: dos cucharadas de almendras, dos cucharaditas de miel, un vaso de agua fría y dos cucharadas de zumo de espinacas o de lechuga, crudo.

Se ponen las almendras a remojar durante la noche en agua fría, se les vierte encima agua caliente y así se mondan fácilmente; se muelen y se ponen de nuevo a remojar durante una hora. Después se pasa todo por un lienzo, apretando bien para que salga toda la leche de las almendras. Se calienta ligeramente la miel para licuarla. Cuando la leche esté preparada, se dispone el zumo de verdura, se le añade a la leche, se mezcla y se sirve en seguida.

ZUMOS DE FRUTAS

VINO DE FRUTAS

Un cuarto de kilo de frutas de cualquier clase, dos cucharadas de miel y un poco de jugo de naranja.

Si se trata de frutas con cáscara, se las mondará previamente. Se cortan las frutas en pedazos pequeños y se muelen con un tenedor, agregándoles dos vasos de agua; se mezcla todo cuidadosamente y se añaden las dos cucharadas de miel y el zumo de naranja; después se pasa por un lienzo muy fino, apretándolo bien para que salga todo el jugo.

ZUMO DE FRUTAS MEZCLADAS

Tres manzanas, una naranja y un limón.

Se exprimen la naranja y el limón, colando los jugos por un colador fino; se añade el zumo de las manzanas, se mezcla todo bien y se sirve en vaso con popote.

ZUMO DE GRANADA

Se desgrana una granada grande y se muelen los granos, pasándolo por tamiz muy fino. Puede azucararse al gusto.

ZUMO DE LIMON

Se prepara muy sencillamente. Con un exprimidor se extrae el zumo de limón y se diluye con un poco de agua. Para substituir el azúcar se le ponen dos cucharaditas de miel.

ZUMO DE MANZANAS CRUDAS

Seis manzanas, una cáscara de limón y una cucharada de azúcar morena.

Se lavan y se secan las manzanas y luego se rallan con un rallador fino. Se pone esta pasta en un lienzo fino y se exprime para sacar todo el jugo. Se mezcla con el azúcar y la cáscara de limón y se sirve.

ZUMO DE NARANJAS CON LECHE

Dos o tres naranjas dulces, una naranja ácida y una cucharadita de miel o de azúcar morena.

Se corta la corteza de la naranja, cuidando de quitar la capa amarilla, pues ésta es amarga, y se pone en el vaso junto con el azúcar o miel y la leche. Se exprimen las naranjas en el exprimidor, se cuela el zumo y se vierte en el vaso, mezclándolo bien. Se retiran los trozos de piel y se sirve.

ZUMO DE TOMATES CON CALDO DE TRIGO

Seis tomates grandes y maduros, media taza de trigo, tres tazas de agua y un poco de sal.

Se pone el trigo en remojo durante la noche, después se hierve con agua durante tres horas, se quita el trigo del agua, se machaca y se vuelve a poner en remojo durante media hora más. Se cortan los tomates y se pasan por el cedazo, se cuela el caldo de trigo, se sazona, se mezcla con el zumo de los tomates y se sirve en seguida.

ZUMO DE TOMATES CRUDOS

Seis tomates. Se lavan muy bien, se secan y se cortan en rodajas. Se pasan por cedazo, exprimiéndolos bien para que suelten todo el zumo.

ZUMO DE UVA CRUDA

Se necesita un racimo de uva, con preferencia blanca.

Bien lavada la uva, se desprenden los granos y se machacan en el molcajete. Luego se pone todo en un lienzo fino y se exprime para que suelten todo el zumo.

ZUMO DE VERDURAS CON YEMA

Una yema de huevo, dos cucharadas de zumo crudo de espinacas, lechuga u otra verdura, una cucharada de miel y otra de agua.

Se deshace la miel en agua caliente, se bate el huevo y se le echa el agua-miel poco a poco, sin dejar de batir. Una vez todo bien mezclado, se añade el zumo de verduras.

ZUMO DE ZANAHORIAS

Se lavan bien las zanahorias y luego se muelen finamente; se ponen en un lienzo fino y se aprieta con fuerza para que suelten todo su jugo.

ZUMO DE ZANAHORIAS CON LECHE

Un manojo de zanahorias, un vaso de leche y una cucharadita de miel.

Se lavan las zanahorias, se rallan y se exprimen, dejando caer el zumo en un vaso grande; se cuentan tres cucharadas de zumo por ocho cucharadas de leche hervida, fría y colada. Se añade la miel ligeramente fundida al baño de maría.

ALIMENTACION PROPICIA A LOS ENFERMOS

PARA LOS ENFERMOS DEL CORAZON, ARTERIOSCLEROSIS, PRESION ELEVADA DE LA SANGRE, CONGESTION CEREBRAL, ETC.

Las personas que padezcan de una de estas enfermedades deben seguir un régimen que contenga poca cantidad de albúminas y evitar en todo lo posible las carnes, pescados y quesos fuertes, no comer demasiadas legumbres y acostumbrarse a usar poca sal.

Deben escoger platos ricos en sales minerales, alcalinas y vitaminas. Sobre todo, los platos crudívoros (frutas, ensaladas, verduras crudas, zumo de frutas, zumo de vegetales, etc.), son de gran utilidad y eficacia en todas estas enfermedades. Estos alimentos son muy buenos purificadores de la sangre. Neutralizan la sobreproducción excesiva y descongestionan el sistema arterial, obligando a los riñones a activar sus funciones. Casi todos ellos actúan como diuréticos suaves ya que, siendo tomados frecuente y metódicamente sin causar el más mínimo perjuicio, producen resultados muy superiores a los que por lo general se obtienen con los demás diuréticos medicinales.

Este régimen de alimentación hace que la presión arterial descienda, poco a poco a su nivel normal.

PARA LOS ENFERMOS DE LOS RIÑONES Y LA VEJIGA, NEFRITIS, ALBUMINA, ETC.

Desde hace muchos años, es muy corriente recomendar el régimen a base de leche para las enfermedades de los riñones. Muchos suponían que la leche tenía determinadas propiedades curativas y desintoxicantes, lo que explica cómo el régimen lácteo llegara a ser clásico y que por regla general los médicos lo recomendaran para casi todas las enfermedades de los riñones, considerándolo como el más perfecto e indicado en estos casos.

Desde luego, es indiscutible que este régimen tiene sus ventajas, entre ellas la de ser diurético sin ser tóxico y la de contener muy poca cantidad de sal. La leche de vaca contiene muy poca cantidad de hierro y por lo tanto favorece la anemia; algunas veces produce estreñimiento y otras veces diarrea. Además, su riqueza en albúmina es suficiente para perjudicar los riñones cuando están muy delicados.

Pero todos estos inconvenientes pueden salvarse con el régimen de medicina natural, y es la cura a base de frutas, zumo de las mismas, verduras, etc. Y esto tiene todas las ventajas. No produce ácido úrico ni ninguna otra clase de toxinas que puedan irritar los riñones. Además, estos productos son pobres en albúminas y bastante ricos en otras sustancias alimenticias que no los perjudican. Es mucho más diurético que la leche y cura el estreñimiento, en caso de que éste exista. Tampoco quita el apetito, lo que frecuentemente ocurre con la leche.

La aplicación de un régimen más o menos riguroso depende de la gravedad de cada caso, aunque siempre debe ser puramente vegetal, sin la menor intromisión de carnes, pescados, huevos, sal, excitantes o picantes de ninguna clase.

Conviene tener presente que las aguas minerales, todavía muy usadas en los casos en que es preciso neutralizar los ácidos, deben ser tomadas con precaución, ya que muchas de estas aguas contienen demasiada sal y ésta es muy perjudicial para los riñones. El agua mineral se puede substituir con gran ventaja por los zumos de fruta. Es preferible que las frutas sean crudas, porque así son más diuréticas que hervidas. Las frutas más indicadas son las uvas, peras, manzanas, etc. Los plátanos también son muy útiles por su riqueza en minerales diuréticos.

ENFERMEDADES AGUDAS DE LOS RIÑONES: ALBUMINURIA

En estos casos la sal debe suprimirse por completo.

El pan sólo se podrá consentir si está elaborado sin sal; de lo contrario es mejor substituirlo por purés de harinas integrales, copos de avena, etc., teniendo siempre la precaución de no poner sal. También se puede tomar arroz, maíz, postres hechos con harinas y ensaladas de todas clases, cuidando de substituir en estas últimas la sal por el limón.

Los enfermos de los riñones pueden comer patatas y verduras sin sal. En cambio están prohibidos los espárragos, el apio, los rábanos y los berros.

Los huevos están permitidos, aunque no conviene tomar más de una o dos yemas al día. Está probado que la albúmina contenida en las yemas de huevo, tomada en pequeña cantidad, no perjudica los riñones. El aceite se puede usar siempre que sea en corta cantidad en la preparación de ensaladas, verduras y otros platos.

Deben estar prohibidos en absoluto toda clase de carnes, pescados, aves, caldos y extractos de carne, así como el alcohol, cerveza, licores, quesos fuertes y toda clase de preparados a base de cacao.

LA DIABETES ES CURABLE Y DESAPARECE TOTALMENTE SIGUIENDO UN REGIMEN APROPIADO

En primer lugar, este régimen debe ser pobre en albúminas, hidratos de carbono y evitar todos los manjares que contengan azúcar. En cambio debe ser rico en sales minerales y vitaminas. Hay que evitar toda clase de carnes y pescados, sobre todo los que hay en conserva. También debe abstenerse de comer pan blanco, la pastelería, las pastas para sopa, los macarrones, el arroz, las legumbres secas, tales como las lentejas, garbanzos y frijoles.

El pan integral o negro, las harinas integrales y los copos de avena pueden ser tomados con moderación. Respecto a todos los granos y harinas en general, deben preferirse los integrales, porque estos contienen la cantidad indispensable de minerales y vitaminas, mientras que las harinas finas, el arroz y el pan blanco son demasiado pobres en substancias vitalizadoras. En este caso, las patatas son superiores a las harinas. Pueden permitirse las frutas oleaginosas siempre que sean bien masticadas (nueces, avellanas, etc.). También los huevos, el aceite y la mantequilla pueden tomarse en la cantidad que se quiera, pero con cuidado de no abusar de ellos.

Debe hacerse un uso extenso de las verduras y de las ensaladas. Los pepinos, espinacas, acelgas, apio, lechuga, etc., son recomendables. Asimismo puede hacerse uso moderado de la fruta no muy dulce, tales como naranjas, manzanas agrias, fresas, etc. Las frutas dulces (plátanos) deben tomarse en poca cantidad y se deben evitar las peras.

Como excelente y eficaz medicina son buenos los zumos de vegetales crudos. Pueden tomarse uno o dos vasos al día. El limón también es recomendable por su gran riqueza en vitaminas.

Ejemplos de menú:

Desayuno: Un plato de ensalada con bastante cantidad de aceite y limón, pero con muy poco pan, y éste debe ser integral. Una manzana y una taza de café de malta.

Almuerzo: Un plato de verduras con caldo vegetal muy espeso y una yema de huevo. Un plato abundante de verduras y unas pocas patatas que se pueden aderezar con aceite o mantequilla, al gusto. Un plato de ensalada variada. Un huevo frito o en tortilla. Como postre, algunas almendras o una manzana.

Comida: Una ensalada de tomates, lechugas o achichoria, o bien coliflor cruda; ésta puede ser preparada con mayonesa o simplemente con aceite y limón.

PARA LOS ENFERMOS CON FIEBRES, FIEBRES ALTAS, FIEBRES MODERADAS, PULMONIAS, CONGESTIONES PULMONARES, GRIPE, ESCARLATINA, SARAMPION, INFECCIONES INTESTINALES, FIEBRES GASTRICAS, TIFUS, ETC.

En todo los casos de fiebre las funciones digestivas están más o menos alteradas, por lo cual hay que adaptar la alimentación a este estado anormal.

Siempre dudan los familiares acerca de si deben dar poco o mucho alimento al enfermo, si le han de dar alimentos nutritivos o no, y otras cosas por el estilo. Existe la preocupación de que éste se puede debilitar y, por otra parte, que tal o cual alimento puede perjudicar su organismo.

Para tener una norma que sirva de guía en estos casos, bastará que tengamos como regla fundamental lo siguiente:

El enfermo debe alimentarse tanto como sea preciso para no debilitarse por falta de substancias vitalizadoras y tampoco que los alimentos ingeridos no causen la menor molestia a los órganos de la digestión, debilitados e irritados. Sólo se deben usar las substancias alimenticias que sean de muy fácil digestión, que exijan al cuerpo un mínimo de trabajo y que no contengan materias que puedan dar lugar a putrefacciones o a la formación de toxinas.

En caso de fiebre, deben darse al enfermo zumos de frutas y jugos de cereales crudos, horchatas de frutas oleaginosas, cereales y purés de verduras, los que son de gran utilidad por su riqueza de vitaminas y sales minerales. Esto sostiene las energías del enfermo sin perjudicarle en lo más mínimo.

Los zumos de frutas son un alimento muy útil, pues contienen gran cantidad de azúcar y resultan de digestión facilísima, ya que pasan a través del estómago y del intestino sin necesitar apenas la colaboración de estos. Las uvas, por ejemplo, contienen cerca de treinta por ciento de azúcar de muy fácil asimilación. Además el azúcar actúa como contraveneno sobre los microbios de la putrefacción intestinal.

ALIMENTOS EN FORMA DE PURES PARA LOS CASOS DE APENDICITIS, INFLAMACION AGUDA DEL INTESTINO, COLITIS, CONVALECIENTES DE ULCERAS EN EL ESTOMAGO O INTESTINOS, TIFUS, FIEBRES GASTRICAS, ACIDEZ DEL ESTOMAGO, ETC.

La alimentación en forma de purés ha sido recomendada y adoptada en innumerables casos. Estos purés deben ser ricos en vitaminas y minerales; los purés de harinas blancas pueden ser remplazadas por purés de harinas integrales o avena.

Las verduras, tales como zanahorias, espinacas, acelgas, se reducen a puré después de cocidas. Para recuperar la pérdida de vitaminas que hayan sufrido al cocerlas, se les puede añadir zumo de verduras o ensaladas crudas.

Algunos vegetales se pueden convertir en puré sin cocerlos, como son los tomates, plátanos, zanahorias, manzanas, peras, duraznos, etc., y también se usan aunque con menos frecuencia los purés de legumbres secas, como son las lentejas, garbanzos, etc. El puré de patatas es muy útil, porque lo toleran casi todos los estómagos.

También se le puede añadir zumo de vegetales crudos, con lo cual aumenta su valor en vitaminas. También es muy nutritivo el puré de castañas.

ALIMENTOS LIQUIDOS PARA LOS ENFERMOS DE INFLAMACIONES EN LA BOCA O DE LAS AMIGDALAS, INFLAMACION DEL ESTOMAGO O DE LOS INTESTINOS, DIFICULTAD DE TRAGAR, ULCERAS GASTRICAS, DESPUES DE LAS OPERACIONES, TIFUS, ETC.

Los líquidos más corrientes son la leche, caldos de harina colados, agua con azúcar o miel, huevos batidos o bien yemas o claras batidas, harinas cocidas y diluidas, aceites, caldos de verduras, etc. Pero son de preferencia los siguientes: zumo de frutas de todas clases, de uvas, de manzanas, de granada, de naranjas, etc., y las horchatas de plátanos, almendras, nueces, avellanas y cocos. El zumo de vegetales crudos, tomates, lechugas, zanahorias, etc. Estos se pueden tomar en caso de cualquier enfermedad sin distinción, pues en todas dan excelentes resultados sin perjudicar el organismo en lo más mínimo.

Primero, porque aumentan considerablemente la orina, lo que facilita la eliminación de las substancias nocivas, ya sean microbios o sus toxinas, y hacen la limpieza intestinal y, segundo, también llenan la sangre de substancias y sales minerales.

Las horchatas también pueden ser tomadas en la mayoría de las enfermedades y siempre son preferibles a la leche en caso de fiebres, pues aunque contiene el alimento muy concentrado, siempre son soportadas por la mayoría de las personas.

CONSEJOS UTILES

MANERA DE CALCULAR EL CALDO NECESARIO PARA UNA SOPA

Por regla general debe ponerse un cuarto de litro de caldo por cada comensal.

MANERA DE COCER LAS ACHICHORIAS

Las achichorias deben escogerse muy amarillas y recién recolectadas; se les quita tres vueltas de hoja: las primeras son muy duras; se retira todo lo verde, no dejando más que la parte amarilla, y bien lavadas con agua fría se ponen a cocer con agua hirviendo y sal durante veinticinco a treinta y cinco minutos (la achichoria tarda bastante en cocerse). Cuando estén cocidas se pasan por agua fría y se escurren perfectamente. Después se pican con la media luna sobre una tabla y a continuación se condimentan.

MANERA DE COCER LAS HORTALIZAS PARA ENTREMESES, ENSALADAS Y MACEDONIAS

Alcachofas

Se les quita las primeras hojas y se tornean por la parte del tallo; se cortan las puntas, dejándolas a 3 centímetros de alto y se quita con un cuchillo fino la pelusa de dentro. Hecho esto se frotan con medio limón para que no se pongan negras y se van echando en una vasija con agua y jugo de limón, donde se dejarán hasta el momento de cocerlas. Se cuecen en agua hirviendo adicionada de una o más cucharadas de harina previamente desleída en agua fría; se echa la sal necesaria y se cuecen a fuego vivo. Se escurren, se pasan por agua para quitarles la harina y quedan prontas para utilizarlas.

Apio

Se elegirá que sea muy blanco, y para mondarlo se separan los tallos, uno por uno, desechando cuantos tengan asomo de verde. Se mondan los tallos quitándoles las hebras con un cuchillo, se lavan con agua y se cortan según la receta.

Para cocido se podrá aprovechar un poco más, pero siendo para comerlo crudo no se utiliza más que el corazón.

Se cuece con abundante agua hirviendo y sal, aproximadamente durante seis minutos, aunque podrá necesitar unos minutos más, y una vez cocido se echa en una escurridera, se zambulle ésta en agua fría y se escurre para utilizarlo.

Coliflor

Para que resulte buena, deberá escogerse una coliflor muy blanca, de grano apretado, duro al tacto y tronco corto. Se cuece entera o separada en cogollos en abundante agua hirviendo y sal, y destapada para que se conserve blanca. La parte florida se cuece en seguida; los troncos, en cambio, necesitan más tiempo. Para que todo se cueza a la vez es necesario mondar los talles, arrancándoles con un cuchillo fino la corteza que los envuelve, empezando desde abajo. En cuanto está cocida se retira la cacerola del fuego y se le añade agua fría para que no cueza más. Se retira con cuidado para no romperla, depositándola en una escurridera grande, y luego, para que apure, se coloca encima de una servilleta.

Coles de Bruselas

Estas han de tener un color verde muy vivo, han de carecer de hojitas amarillas y se ha de notar resistencia al apretarlas con los dedos. Si están descoloridas y lacias es señal que son viejas.

Se preparan cortándoles el tallo al ras de las hojas y después se arrancan las hojitas amarillas, las lacias y las comidas por los limacos; se lavan bien y se ponen a cocer en agua hirviendo y sal. El agua ha de estar en constante ebullición, y para que no pare el hervor no se echarán las colas todas de una vez, sino en varias veces, a puñados, tapando cada vez la cacerola; una vez echadas todas, se destapan quince a veinticinco minutos, según se las quiera de tiernas. Échense entonces en una escurridera, refrésquense con agua de la fuente, escúrranse y utilícense.

Espárragos

Los espárragos han de ser muy frescos, a poder ser recién extraídos; no han de cocer demasiado ni tampoco con anticipación, pues si se retiran de su líquido de cocimiento se secan y si se dejan en él se desbordan.

Se procurará que todos sean de un mismo tamaño, pues siendo desiguales se cuecen unos antes que otros. Los espárragos deben pelarse enteros de punta a punta. Muchos se contentan con rasparlos superficialmente, pero no basta. Una vez raspados se lavan con agua fresca; luego se escurren y se atan por manojitos, colocando las cabezas al mismo sentido, y se cortan por la otra punta para dejarlos a un mismo largo.

Se cuecen en abundante agua hirviente y sal; se zambullen cuando el agua hierva a borbotones, se tapa la cacerola y se pone a fuego muy vivo para que rompa en seguida el hervor; establecido éste se separa la cacerola a un costado para que siga hirviendo con calma hasta que estén cocidos; aproximadamente lo estarán a los catorce o quince minutos de ebullición, pero siendo muy gruesos podrán necesitar unos minutos más. Se conoce que están en buen punto cuando se atraviesan fácilmente con un alfiler. Una vez cocidos, se desatan y se escurren.

Judías verdes

Supondremos que las judías verdes son de clase fina y por lo tanto no tienen hebras, bastando con romperles las dos puntas, pero si las tuvieran habría que recortarlas por toda la vuelta con un cuchillo fino, pues tirando de ellas no se quitan bien. Se echarán a medida en un barreño con agua fría y se dejarán en remojo hasta cuando se vaya a cocerlas. Para esto se pondrán a cocer en abundante agua y sal, esperando para echarlas a que el agua hierva a borbotones, cociéndolas a fuego vivo hasta que estén tiernas. Es conveniente cocerlas de prisa y destapadas para conservarlas verdes. Una vez cocidas se echan en un colador y acto seguido se sumergen en agua fría (todo esto con el fin de conservarlas bien verdes). Se escurren perfectamente y se utilizan.

Guisantes

Elíjanse muy verdes y recién recolectados; desgránense y pónganse a cocer en abundante agua hirviendo y sal; ya tiernos se escurren perfectamente y se utilizan.

Patatas

Las patatas, para cortarlas luego en rajas, suelen cocerse con su piel, pero cuando se las quiere para ciertas ensaladas y macedonias es preferible cocerlas ya peladas y cortadas en cuadritos. Unas y otras se ponen a cocer con agua fría y sal; no han de cocer más que lo justo, por tanto hay que vigilarlas, por si corren peligro de desbaratarse, para parar de repente el hervor añadiendo agua fría en la cacerola. Seguidamente se escurren y siendo con piel se aguarda a que se enfríen para mondarlas; si son cortadas a cuadritos, se colocan encima de una servilleta para que apuren toda el agua.

Nabos

Téngase en cuenta al elegir los nabos que no estén huecos ni tengan gusanos, lo cual se conoce en que tienen agujeros; y han de ser blancos, pues los colorados no sirven para entremés. Se cortan siempre en trozos a lo largo, aunque sean pequeños; se raspan con un cuchillo, se lavan con agua fría y se cuecen con agua hirviendo y hasta que estén tiernos, lo cual se conocerá cuando se puedan atravesar fácilmente con una aguja; entonces se escurren perfectamente y se utilizan.

Zanahorias

Si las zanahorias son nuevas se cuecen enteras, pero en caso de ser viejas debn cocerse partidas en trozos. Se cuecen con agua hirviendo y sal, hasta que estén bien tiernas; luego se escurren bien y se utilizan.

MANERA DE COCER LAS REMOLACHAS

Las remolachas se han de escoger muy frescas, muy rojas, muy dulces y de un tamaño parecido, a fin de que necesiten aproximadamente el mismo tiempo de cocción.

Las remolachas se lavan bien para quitarles la tierra que tengan adherida, se secan y se recortan las hojas sin llegar a cortar la raíz, pues en este caso se desprende el color rojo, quedando descoloridas luego de cocidas.

Hay dos métodos para cocerlas: el hervor y el horno.

Los muy sibaritas las prefieren asadas. Para esto, después de bien limpias, se meten al horno. Las remolachas tardan bastante en asarse, aproximadamente unas seis u ocho horas (algunos cocineros, después de hervirlas y cuando están medio cocidas, terminan de cocerlas al horno). Huelga advertir que durante el horneo habrá que darles vuelta para que se cuezan por igual.

El segundo método es más sencillo y más rápido: puestas en un puchero y bien cubiertas de agua fría o caliente, adicionada de un pellizco de sal, se hierven lentamente hasta que estén tiernas. El agua mermada habrá que reponerla con agua hirviendo.

Las remolachas cocidas o asadas no se conservan arriba de un par de días. Para conservarlas tienen que estar sumergidas en vinagre. Se emplean para adornos y entremeses.

MANERA DE LIMPIAR Y COCER LAS ESPINACAS

Se arrancan los tallos, uno por uno, se lavan las hojas en agua fresca y se ponen a cocer en abundante agua y sal, esperando para sumergirlas a que hierva el agua a borbotones. Se someten a ebullición por espacio de cinco minutos y se refrescan con agua fría, echándolas en un colador y agitándolas para que enfríen pronto. Si se dejan enfriar por sí mismas, se ponen amarillas.

Escúrranse perfectamente, apisonándolas con una cuchara. Una vez que se hayan secado bien píquense sobre la tabla con la media luna, reservándolas en un plato hasta el momento de guisarlas.

MANERA DE LIMPIAR Y DE COCER LOS CARDOS

Los cardos, para que resulten tiernos, han de ser muy blandos y pequeños. Se quitan las primeras hojas aprovechando las interiores y el tronco o corazón. En realidad sólo se debería emplear este último, que es lo mejor, pero resulta caro. Se cortan las hojas en trozos regulares y se raspan por encima y por debajo con un cuchillo fino, procurando arrancar cuantas fibras o hilos se pueda (las hojas de cardo están llenas de fibras y cuanto mayor sea el cardo más resistente serán las fibras); a medida se frota con limón para conservarlo blanco y se echa a un barreño de agua fría, en el cual se habrá exprimido un limón. El limón no lo mejora en nada; no tiene otro fin que conservarlo blanco.

Se corta el tronco o corazón en trozos alargados y se cuecen de la siguiente manera:

Se diluye harina con agua fría, se pone en una cacerola, se añade más agua y dos o tres cucharadas de vinagre (o rajas de limón), se pone sobre el fuego y se hace cocer, moviéndolo con una cuchara. Cuando rompe el hervor se echan los cardos bien escurridos y se dejan cocer medio tapados hasta que estén tiernos (si se tapan del todo, el agua sube y se derrama fuera); han de cocer suavemente durante unas dos horas aproximadamente. Ya cocidos se retira la cacerola del fuego, conservando los cardos en su caldo y tapados, hasta el momento de guisarlos.

MANERA DE MONDAR LAS HORTALIZAS

Las patatas, nabos y zanahorias se pelan con un pelador especial de legumbres. Los tomates se pelan rápidamente sumergiéndolos por espacio de un minuto en agua hirviente; antes se les quita un poco la coronilla por la parte del tallo; en seguida hay que retirarlos del agua hirviente y ponerlos al chorro de la fuente, pues si no se hiciera esto se cocerían, poniéndose tan blandos que no se podrían pelar. Para pelar fácilmente las cebollas y que no piquen a los ojos conviene escaldarlas en agua hirviendo, refrescándolas acto seguido en el chorro de la fuente.

Las verduras, en general, se han de lavar en abundante agua fría antes de ponerlas a cocer.

MANERA DE PONER A REMOJAR LOS GARBANZOS

Puestos en una vasija con abundante agua fría y un puñadito de sal gorda, se tendrán en remojo por espacio de doce horas, y mejor aún durante veinticuatro. Para que se cuezan conviene templarlos, es decir, no pasarlos bruscamente del agua fría a la hirviente (los garbanzos se echan siempre en caldo o agua hirviendo).

MANERA DE PREPARAR Y DE COCER
LAS ACEDERAS

Se les quita las hojas de los tallos, es decir, que se arrancan estos; las hojas se lavan con agua fría y se ponen a cocer con agua fría y sal, a razón de un litro de agua por cada kilo y medio de acederas y un puñadito de sal. Se ponen al fuego vivo y mientras cuecen habrá que removerlas a menudo para que no se agarren.

Ya cocidas se escurren, se pican en la tabla con la media luna y se condimentan.

MANERA DE PREPARAR Y DE COCER
LAS LECHUGAS

Las lechugas se escogerán bien tiernas y blancas; es un error creer que para ser cocidas sirven cualesquiera. Bien lavadas con agua fría y previamente desprovistas de las primeras hojas, se zambullen en abundante agua hirviendo y sal y se someten a una ebullición fuerte; a continuación se escurren, se pasan por agua fría y se vuelven a escurrir perfectamente, apretándolas con la mano hasta apurarlas bien. Luego se guisan según lo indique la receta.

MANERA DE PREPARAR Y DE COCER
LOS GUISANTES

Los guisantes, después de desgranados, quedan reducidos a la quinta parte de su peso inicial; por tanto habrá que adquirir unos cinco kilogramos de guisantes para obtener un kilo una vez desgranados.

Los guisantes han de ser recién recolectados o cuando menos muy frescos. Se conoce su frescura por el brillo de la cáscara y en la humedad de ésta al partirla. Se han de desgranar momentos antes de cuando se vayan a guisar, y si es inevitable el hacerlo con anticipación, para que no desmerezcan se conservarán envueltos en una servilleta.

Para obtenerlos bien verdes se cocerán a agua hirviendo a borbotones y en una cacerola de aluminio o de porcelana. Se pondrá al fuego la cacerola, se añadirá agua y un poco de sal, y cuando rompa a hervir a borbotones se echarán los guisantes, cociéndolos destapados por espacio de unos veinte minutos y sin parar de hervir. Para mayor seguridad, antes de retirarlos del fuego compruébese si están bien cocidos aplastando un guisante con los dedos. Luego se escurren y se guisan según lo indique la receta.

Cuando son muy finos, y para ciertos guisos, no es preciso cocer los guisantes.

MANERA DE SAZONAR LAS ENSALADAS

Las ensaladas requieren buen vinagre de vino y aceite fino, en la proporción de tres partes de aceite por una de vinagre.

Es mal sistema el echar el aceite y el vinagre directamente en la ensalada, pues suele suceder que mientras unas hojas quedan impregnadas de aceite, otras han absorbido todo el vinagre. Por lo tanto, para que quede toda ella bien sazonada, se mezclarán primero los tres ingredientes, aceite, vinagre y sal, echándolos en una taza y batiéndolos con un tenedor; hecho esto se echará todo por encima de la ensalada y después de darle unas vueltas con dos tenedores queda dispuesta para servirla.

Las ensaladas han de estar bien escurridas para que absorban la sazón.

Hemos expuesto la síntesis de la ensalada, quedando los aditamentos, cebollas, ajo, perejil, tomate, pepinillos, etc., a gusto del consumidor.

MANERA DE VACIAR LOS TOMATES PARA RELLENARLOS

Generalmente, cuando se van a rellenar no se mondan, para que la piel los sostenga y no se desbaraten. Se escogerán todos de un tamaño, bien rojos y de piel lisa. Con la punta de un cuchillo pequeño se hace una circunferencia en la parte superior de los tomates, se levanta esa coronilla y con una cucharita se vacían de agua y pipas, quedando de esta forma como cacerolitas; se pone dentro una pizca de sal y se coloca abajo para que escurran; luego se rellenan según convenga.

PROPIEDADES DE LAS FRUTAS NATURALES

Manzana. Fruta rica en sales minerales, vitaminas y hierro (si se come la cáscara). Actúa como neutralizador de la acidez de la sangre. Alimento completo que se ha comparado a la leche.

Pera. Auxiliar en la cura de la arterioesclerosis, presión alta, nefritis crónica y otras enfermedades.

Limón. Rico en vitamina C, auxiliar en la cura de diarreas, dolores de cabeza, de las encías, hemorragias, anginas, inflamaciones de la garganta, hemorragias nasales, inflamaciones e infecciones de la boca.

Naranja. Rica también en vitamina C, con propiedades similares al limón.

Uva. Auxiliar en la cura de inflamaciones del hígado, enfermedades del corazón, congestión de los órganos del vientre de la mujer, cálculos, arenillas en la orina, insuficiencia biliar, impurezas de la sangre y otras.

Plátano. Cuando está maduro, es una de las frutas de mayor poder alimenticio. Recomendable para los enfermos del hígado, de gota, de cálculos biliares y de los riñones.

Melón. Neutralizador de la acidez; recomendado para los artríticos y gotosos; es laxante y diurético.

Ciruelas frescas. Abunda en ellas la vitamina C. Laxantes, normalizan las funciones intestinales.

Sandía. Excelente diurético y purificador de la sangre.

Melocotón. Por su alto contenido de vitaminas, hormonas y sales orgánicas, es de alto valor nutritivo.

Albaricoque o Chabacano. Fruto nutritivo por su alto contenido en azúcar, vitaminas y hierro.

Piña. El jugo de esta fruta cuando está madura, contiene un fermento que estimula la actividad del intestino.

Granada. Fruta recomendable para anémicos, débiles y ancianos. De gran valor nutritivo.

Níspero. Agiliza la eliminación de las substancias tóxicas.

Cerezas. Son depurativas, laxantes, desinfectan el intestino y estimulan el funcionamiento del hígado.

PROPIEDADES DE LAS HORTALIZAS

Alimentos ricos en vitaminas y sales minerales, celulosa y agua. Para aprovechar todas sus propiedades deberían comerse crudas. Las que sea necesario comer cocidas, hay que hervirlas con poca cantidad de agua, y el tiempo de cocción debe ser corto. Es conveniente utilizar el agua de la cocción de las hortalizas para así aprovechar los minerales que en ella han quedado, pudiéndose emplear en la preparación de sopas, caldos y guisados.

Espinaca. Recomendada para las personas anémicas por su alto contenido de hierro; pero no para enfermos del riñón, ya que es sumamente rica en sales minerales. Crea defensas contra los microbios, heridas, curativo de la acidez.

Acelga. Vegetal laxante, curativo de la acidez.

Col o Repollo. Rica en hierro, fósforo y vitaminas, beneficiosa en caso de reuma y artritismo.

Coliflor. Posee un valor superior a las otras hortalizas. Actúa como sedante nervioso. Contraindicada para personas que sufren de gases intestinales.

Alcachofa. Muy estimada por sus propiedades curativas en las enfermedades del hígado, cálculos biliares, ictericia, enfermedades de los riñones, diabetes, várices e impotencia.

Espárragos. Ricos en vitamina C y A, en sales minerales y albúminas. Excelente diurético.

Calabaza. Contiene abundancia de vitaminas, fósforo y cal. Las semillas son utilizadas para combatir parásitos intestinales.

Calabacitas o Calabacines. Ayudan a desintoxicar el organismo de residuos tóxicos.

Ejotes o Judías verdes. Con alto contenido de clorofila, poseen propiedades diuréticas y depurativas de la sangre. Utiles para diabéticos y enfermos del hígado.

Lechuga. Hortaliza depuradora y regeneradora de la sangre: diurético, limpia el intestino; auxiliar para combatir la acidez; calmante para los nervios. Contiene vitamina A, B y C.

Escarola. Rica en minerales, vitamina C y provitamina A. Combate el estreñimiento y estimula el apetito.

Chícharos, Guisantes o Petits-Poids. Ricos en vitaminas: contienen cal, hierro y fósforo.

Apio. Vegetal rico en vitaminas A y C y minerales. Muy recomendable para enfermos del hígado y cálculos en el riñón; benéfico para el tratamiento de la gota, exceso de ácido úrico, perturbación en las menstruaciones de la mujer. Tonifica los nervios.

Tomate. Rico en vitaminas A, B y C y en sales naturales y potasio. Auxiliar en la cura de úlceras internas y externas.

Berros. Hortaliza depurativa, remineralizador orgánico de alto valor higiénico.

Pepino. Neutralizador de la acidez. Combate inflamaciones de estómago e intestinos. Laxante.

Pimiento Morrón. Rico en vitamina C. Contiene sales minerales y azúcares. Estimulante del apetito.

Perejil. Es un gran diurético. Rico en provitamina A.

Papa o Patata. Rica en féculas. Contiene vitaminas A, B y C, aunque no en grandes cantidades. Recomendable para colitis, enfermedades del hígado, riñón y artritismo.

Nabo. Sus hojas son ricas en sales minerales.

Rábano. Estimulante del apetito con valor depurativo.

Remolacha o Betabel. Rica en azúcar y sales minelares, hierro, magnesio, potasio, etc. Reconstituyente y remineralizante de la sangre.

Zanahoria. Rica en minerales y vitaminas A, B y C. Util en casos de bronquitis. Depuradora de la piel.

Porros o Puerros. Auxiliar en casos de extreñimiento, sedante nervioso.

Cebolla. De alto poder desinfectante y desinflamante en casos de ronquera y estado catarral. Muy recomendable para el tratamiento del reumatismo.

PROPIEDADES DE LAS FRUTAS OLEAGINOSAS
(Almendras, nueces, avellanas, cacahuates, piñones, etc.)

De alto valor nutritivo a causa de la gran cantidad de grasas y albúminas que contienen. Son ricas también en sales minerales y vitaminas.

Almendras. Ricas en fósforo. Muy útiles para el sistema nervioso.
Nueces. Actúan como ligero tónico de los órganos sexuales y estimulan la producción de leche en el periodo lactante de la mujer.
Avellanas. Recomendables altamente para anémicos, débiles y tuberculosos.
Coco. Su leche neutraliza la acidez y es mineralizante. Util en la cura de la arterioesclerosis.

PROPIEDADES DE LAS FRUTAS SECAS
(Uvas, pasas, higos secos, ciruelas secas, dátiles, etc.)

Contienen vitaminas, hierro, cal, principios minerales y algunas, fósforo.
Dátiles. Poseen un alto valor nutritivo. Los de color oscuro son los más alimenticios.

PROPIEDADES DE LAS LEGUMBRES SECAS
(Garbanzos, lentejas, chícharos o guisantes o petit-poids, alubias, habas, etc.)

Alimentos productores de energía, ricos en albúminas, en sales minerales como fósforo, hierro, cal y vitaminas. No son muy recomendables para los enfermos de gota, artritis, reumatismo y mal de piedra.

PROPIEDADES DE LOS HUEVOS

Contienen gran cantidad de albúmina, fósforo y hierro. No son recomendables para los enfermos del hígado, de los riñones, de arterioesclerosis y presión arterial alta. Es la yema la que contiene vitaminas A, B y C.

PROPIEDADES DE LA LECHE

Es el más completo de los alimentos, aunque es pobre en hierro. Recomendable para enfermos, embarazadas, convalecientes, enfermos del riñón, de arterioesclerosis y del corazón.

INDICE

Pag.

HORTALIZAS

Los productos de la huerta	7
Hortalizas cuyas hojas se comen crudas, en ensalada	8
Raíces, bulbos y tubérculos alimenticios	9

CONDIMENTOS

LA ALIMENTACION COCIDA

Cocción de los cereales, leguminosas y sus derivados	13
Las hortalizas en la cocina	14
Las frutas y su cocción	15

CUALIDADES DE LAS LEGUMBRES SECAS Y FRESCAS

Alcachofas	17
Apio	17
Berenjenas	17
Cebollas	17
Coles	18
Coles de Bruselas	18
Coliflores	18
Espárragos	18
Espinacas	18
Frijoles	18
Habas	19
Lentejas	19
Nabos	19
Patatas	19
Setas	19

	Pag.
Tomtates	19
Zanahorias	19

CALDOS, POTAJES, PURES Y SOPAS

Caldo de lechuga y avena	20
Caldo de zanahorias	20
Cocido a la madrileña	20
Gaspacho fresco	21
Polenta con champiñones y tomate	21
Polenta de acelgas a la legumbre	21
Potaje de calabazas con piñones	22
Potaje de coles de Bruselas con arroz	22
Potaje Mónaco	22
Puré de castañas	22
Puré de harina de flor	22
Puré de lentejas	23
Puré de Patatas	23
Sopa a la crema	23
Sopa a la moda	23
Sopa al tomate	23
Sopa de almendras	23
Sopa de arroz con verduras	24
Sopa de calabaza	24
Sopa de cebolla	24
Sopa de cereales y legumbres	24
Sopa de col	25
Sopa de coliflor	25
Sopa de harina	25
Sopa de lentejas	25
Sopa de maíz	25
Sopa de maíz con verduras	26
Sopa de pan completo	26
Sopa de pan con leche	26
Sopa de repollo a la mallorquina	26
Sopa de queso	26
Sopa de semola de avena	27
Sopa de tomates crudos	27
Sopa de verduras	27
Sopa guisada de berenjenas	27
Sopa marina	28
Sopa mery	28
Sopa verde	28
Sopa minestrone	28

COCINA VEGETARIANA 135

Pag.

GUISOS DE LEGUMBRES SECAS Y FRESCAS

Alcachofas a la catalana	29
Alcachofas anacaluf	29
Alcachofas con setas o champiñones	29
Alcachofas con tomates	30
Alcachofas en salsa blanca	30
Alcachofas express	30
Alcachofas orloff	30
Alcachofas rellenas	30
Alcachofas rellenas frías	31
Acelgas a la bechamel	31
Acelgas a la cebolla	31
Acelgas al tomate	31
Acelgas con pasas y piñones	31
Albóndigas de espinacas	32
Apio a la crema	32
Apio a la milanesa	32
Apio al gratín	32
Apio el jugo	32
Apio en puré	33
Apio con salsa	33
Apio con salsa mayonesa	33
Apio encapuchado	33
Berenjenas a la francesa	33
Berenjenas a la parrilla	34
Berenjenas a la valenciana	34
Berenjenas a la zíngara	34
Berenjenas al tomate	34
Berenjenas con patatas	34
Berenjenas fritas	35
Berenjenas Languedoc	35
Berenjenas palmesanas	35
Berenjenas rellenas	35
Berenjenas suizas	35
Calabacines fritos	36
Calabacines rellenos	36
Calabazas al tomate	36
Calabazas asadas	36
Calabazas con castañas	36
Calabazas fritas	36
Cebollas en puré	37
Cebollas estofadas	37
Cebollas hervidas	37
Cebollas horneadas	37

	Pag.
Cebollas rellenas	38
Coles a la flamenca	38
Coles a la Josefina	38
Coles a la tedesca	38
Coles blancas compuestas	39
Coles en ensalada	39
Coles con nata	39
Coles doradas	39
Coles floridas con mayonesa	39
Coles rellenas	39
Coles San Petersburgo	40
Coles verdes con castañas	40
Coles de Bruselas a la manteca	40
Coles de Bruselas con salsa	40
Coliflor a la crema María	41
Coliflor al gratin	41
Coliflor al horno	41
Coliflor en ensalada	41
Coliflor en tajadas	41
Coliflor con nata	42
Coliflor con queso	42
Coliflor empanada	42
Coliflor estofada	42
Coliflor frita	42
Coliflor petit-pois	42
Ejotes a la manteca	43
Ejotes al ali-oli	43
Ejotes rehogados	43
Espárragos a la favorita	43
Espárragos a la manteca	43
Espárragos a la parmesana	44
Espárragos al infierno	44
Espárragos en cazuela	44
Espárragos en salsa bechamel	44
Espárragos fritos	44
Espárragos hervidos	45
Espinacas a la hamburguesa	45
Espinacas a la manteca	45
Espinacas a lo Dumas	45
Espinacas con huevos estrellados	45
Espinacas con huevo revuelto	45
Espinacas con pasas y piñones	46
Espinacas en albóndigas	46
Espinacas en dulce al puré	46
Espinacas en pastelillos	46

	Pag.
Frijoles a la provenzal	46
Frijoles a los macarrones	47
Frijoles asados al horno	47
Frijoles en puré	47
Frijoles en salsa	47
Frijoles fritos	47
Frijoles rehogados	47
Frijoles savoury	48
Garbanzos aplastados	48
Garbanzos con salsa de avellanas	48

GUISANTES (CHICHAROS)

Guisantes a la jardinera	48
Guisantes en puré	48
Guisantes tiernos	49
Habas a la andaluza	49
Habas a la jardinera	49
Habas a la macedonia	49
Habas a la poulette	49
Habas con mayonesa	50
Habas con tomate	50
Habas con vaina	50
Lentejas a la vinagreta	50
Lentejas en puré	50
Lentejas rosas	50
Patatas a la barigole	51
Patatas a la inglesa	51
Patatas a la maitre d'hotel	51
Patatas a la provenzal	51
Patatas al limón	52
Patatas al rescoldo	52
Patatas asadas	52
Patatas con leche	52
Patatas con nata	52
Patatas con piel	53
Patatas con puerros	53
Patatas en confitura	53
Patatas en puré	53
Patatas fritas con salsa de tomate	53
Patatas peruanas	53
Patatas primaverales	53
Patatas rehogadas	54
Patatas rellenas	54
Patatas sorpresa	54

	Pag.
Patatas ouflés	54
Rosca de plátano macho y papa	54
Setas a la manteca	55
Setas de apio	55
Setas con corona	55
Setas en salsa	55
Tomates a la campesina	55
Tomates a la inglesa	56
Tomates a la peruana	56
Tomates a la rusa	56
Tomates al gratín	56
Tomates con puré de manzanas	56
Tomates con tostadas	56
Tomates en puré	57
Tomates rellenos	57
Zanahorias a la maitre d'hotel	57
Zanahorias a los espárragos	57
Zanahorias a los macarrones	58
Zanahorias al horno	58
Zanahorias con espinacas	58
Zanahorias en salsa blanca	58
Zanahorias estofadas	58
Zanahorias guisadas	58

ARROCES Y MACARRONES

Arroz a la americana	59
Arroz a la carne vegetal	59
Arroz a la catalana	59
Arroz a la coliflor	60
Arroz a la chilena	60
Arroz a la italiana	60
Arroz a la milanesa	60
Arroz a la valenciana	60
Arroz al gratín	61
Arroz al horno	61
Arroz con calabaza	61
Arroz con coles de Bruselas	61
Arroz con espinacas	61
Arroz con fondos de alcachofa	62
Arroz con frutas	62
Arroz con guisantes	62
Arroz con huevos	62
Arroz con leche	62
Arroz con leche a la española	63

COCINA VEGETARIANA 139

Pag.

Arroz con leche y huevo 63
Arroz con legumbres 63
Arroz con manzanas 63
Arroz con salsa a la mayonesa 63
Arroz estratificado 64
Arroz perlado 64
Arroz tostado 64

MACARRONES

Macarrones al natural 65
Macarrones a la italiana 65
Macarrones a la milanesa 65
Macarrones a la romana 65
Macarrones con calabacines 66
Macarrones con leche 66
Nouilles con manzanas o pasas 66
Pudding de macarrones 66

CROQUETAS

Croquetas de alcachofa 67
Croquetas de arroz 67
Croquetas de berenjenas 67
Croquetas de espinacas 67
Croquetas de garbanzos 68
Croquetas de lentejas 68
Croquetas de manzana 68
Croquetas de pan 68
Croquetas de patatas 68
Croquetas de plátano 68
Croquetas de sémola 69
Croquetas de sémola con castañas 69

HUEVOS Y TORTILLAS

Huevos a la cáscara 70
Huevos a la crema 70
Huevos a la jardinera 70
Huevos con salsa de guisantes 70
Huevos crudos al jugo de frutas 70
Huevos de convite 71
Huevos duros 71
Huevos en caldo 71
Huevos en rollo 71

	Pag.
Huevos fritos	71
Huevos para enfermos	71
Huevos poché	71
Huevos rellenos	72
Huevos revueltos con hierbas finas	72
Huevos veracruzanos	72

TORTILLAS

Tortilla a la jalea	73
Tortilla a la suiza	73
Tortilla al ajo y perejil	73
Tortilla al chocolate	73
Tortilla al romesco	73
Tortilla compuesta	74
Tortilla de acelgas	74
Tortilla de arroz	74
Tortilla de frutas	74
Tortilla de pan	74
Tortilla esponjosa	75
Tortilla sorpresa	75

ENSALADAS

Ensalada al ajo	76
Ensalada a la capuchina	76
Ensalada a la nuez y al queso	76
Ensalada bistec vegetal	76
Ensalada bohemia	76
Ensalada campesina	77
Ensalada compota	77
Ensalada conventual	77
Ensalada de alcachofas	77
Ensalada de aguacates	77
Ensalada de cuclillo	77
Ensalada de espárragos	78
Ensalada de espinacas	78
Ensalada de frutas	78
Ensalada de frutas y lechuga	78
Ensalada de manzanas	78
Ensalada de naranjas	78
Ensalada de pepinos	78
Ensalada de peras	78
Ensalada de raíces y frutas	79
Ensalada encanto de los ojos	79

	Pag.
Ensalada lombarda	79
Ensalada María	79
Ensalada mermelada	79
Ensalada mezclada	79
Ensalada natura	79
Ensalada parta	80
Ensalada silvestre	80
Ensalada verde	80

SALSAS

Ali - oli	81
Salsa bechamel	81
Salsa blanca fundamental	81
Salsa de estragón	81
Salsa de frutas	82
Salsa de menta	82
Salsa de naranjas	82
Salsa de tomate	82
Salsa italiana	82
Salsa mayonesa	83
Salsa para espárragos	83
Salsa verde	83
Salsa verde al huevo	83

PUDDINGS

Pudding de arroz	84
Pudding de chocolate	84
Pudding de espárragos	84
Pudding de fécula	85
Pudding inglés de pan y frutas	85
Pudding de manzanas	85
Pudding de nueces	85
Pudding de queso blanco	86
Pudding de sémola de avena	86
Pudding flan	86
Pudding noruego	86
Pudding verde	87

FRUTAS GUISADAS

Castañas a la manteca	88
Castañas asadas	88
Castañas con guisantes	88

	Pag.
Castañas con leche	88
Castañas en tortitas	89
Castañas guisadas con salsa de tomate	89
Crema con manzanas	89
Manzanas a la nieve	89
Manzanas a la portuguesa	90
Manzanas al horno	90
Manzanas con arroz	90
Manzanas con maíz	90
Pastel de castañas	90
Peras a lo sublime	91
Peras en salsa	91
Plátanos al horno	91
Plátanos al limón	91

POSTRES VEGETARIANOS

Cesto de melón	92
Copa africana	92
Copa de plátano	93
Cremas de almendras y plátanos	93
Crema espumosa de limón	93
Duraznos rellenos	94
Ensalada de ciruelas con almendras	94
Ensalada de fresas con nata	95
Ensalada de frutas	95
Ensalada picante de frutas	95
Espuma de manzana	95
Mus de mango	96
Naranjas rellenas	96
Nieve de plátanos y manzanas	96
Plátanos con miel	97
Plátanos chantilly	97
Sandwich de plátanos y coco	97

BIZCOCHOS, SOUFLEES, TORTAS Y TOSTADAS

Bizcochos a la crema	98
Bizcochos finos	98
Bizcochos secos	98
Pan con fruta	99
Pan de especies	99
Pastas para tortas y pasteles	99
Souflee de duraznos, manzanas, etcétera	100
Souflee de harina de avena	100

COCINA VEGETARIANA 143

Pag.

Tortas al huevo	100
Tortas bretonas	100
Tortas con frutas	101
Tostadas de Navidad	101
Tostadas de Santa Teresa	101
Empanadas Danjou	101
Empanadas Esaú	101
Pastel de castañas	102
Pastel de frutas	102
Pastel de remolachas	102
Pastel de Saboya	102
Pastel de trigo	102
Pastel veneciano	103
Pastel de verduras	103

CREMAS, HELADOS Y MERENGUES

Biscuit glacé	104
Crema	104
Crema a la manteca	104
Crema a las almendras	105
Crema Chantilly	105
Crema de castañas	105
Crema de frutas	105
Crema frita	105
Crema para salsas	105

VARIOS

Flan	106
Huevos a la nieve	106
Leche merengada	106
Mantecada	106
Mantecado	106
Mato de monja	107
Mazapán	107
Requesón	107
Sorbete de frutas	107
Yemas de coco	107
Yemas en dulce	108

ZUMOS Y HORCHATAS

Horchata de almendras	109
Horchata de arroz	109

	Pag.
Horchata de arroz con zumo de lechuga	109
Horchata de avellanas	110
Horchata de fresones	110
Horchata de zanahorias y arroz	110
Jarabe de fruta	110

LECHE, ALMENDRAS CON FRUTA

Leche de almendras con zumo de verduras	111

ZUMOS DE FRUTAS

Vino de frutas	111
Zumo de frutas mezcladas	112
Zumo de granada	112
Zumo de limón	112
Zumo de manzanas crudas	112
Zumo de naranjas con leche	112
Zumo de tomates con caldo de trigo	113
Zumo de tomates crudos	113
Zumo de uva cruda	113
Zumo de verduras con yema	113
Zumo de zanahorias	113
Zumo de zanahorias con leche	114

ALIMENTACION PROPICIA A LOS ENFERMOS

Para los enfermos del corazón, arterioesclerosis, presión elevada de la sangre, congestión cerebral, etcétera	115
Para los enfermos de los riñones y la vejiga, nefritis, albúmina, etcétera	116
Enfermedades agudas de los riñones: albuminuria	117
La diabetes es curable y desaparece totalmente siguiendo un régimen apropiado	117
Para los enfermos con fiebres, fiebres altas, fiebres moderadas, pulmonías, congestiones pulmonares, gripe, escarlatina, sarampión, infecciones intestinales, fiebres gástricas, tifus, etcétera	118
Alimentos en forma de purés para los casos de apendicitis, inflamación aguda del intestino, colitis, convalecientes de úlceras en el estómago o intestinos, tifus, fiebres gástricas, acidez del estómago, etcétera	119
Alimentos líquidos para los enfermos de inflamaciones en la boca o de las amígdalas, inflamación del estómago o de los intestinos, dificultad de tragar, úlceras gástricas, después de las operaciones, tifus, etc.	120

COCINA VEGETARIANA   145

                                                                                     Pag.
                                                                                     —

CONSEJOS UTILES

Manera de calcular el caldo necesario para una sopa 121
Manera de cocer las achichorias 121

MANERA DE COCER LAS HORTALIZAS PARA ENTREMESES, ENSALADAS Y MACEDONIAS

Alcachofas 121
Apio 122
Coliflor 122
Coles de Bruselas 122
Espárragos 123
Judías verdes 123
Guisantes 124
Patatas 124
Nabos 124
Zanahorias 124
Manera de cocer las remolachas 125
Manera de limpiar y cocer las espinacas 125
Manera de limpiar y de cocer los cardos 126
Manera de mondar las hortalizas 126
Manera de poner a remojar los garbanzos 127
Manera de preparar y de cocer las acederas 127
Manera de preparar y de cocer las lechugas 127
Manera de preparar y de cocer los guisantes 127
Manera de sazonar las ensaladas 128
Manera de vaciar los tomates para rellenarlos 128
Propiedades de las frutas naturales 129
Propiedades de las hortalizas 130
Propiedades de las frutas oleaginosas 131
Propiedades de las frutas secas 132
Propiedades de las legumbres secas 132
Propiedades de los huevos 132
Propiedades de la leche 132

ESTA OBRA DE 1,000 EJEMPLARES
SE TERMINO DE IMPRIMIR EL MES
DE NOVIEMBRE DE 1995
EN IMPRESORES Y EDITORES, S.A.
AVENA No. 19, COL. GRANJAS
ESMERALDA MEXICO 09810 D.F.